新リモート時代の
人材育成学

BLENDED LEARNING

ブレンディッド・
ラーニング

ユームテクノロジージャパン
ビジネスプロデューサー／
ラーニングシフト代表取締役

小仁 聡

F
フローラル出版

はじめに　企業内学習に変革をもたらすもの

コロナ禍以降、世界の常識が一変したニューノーマルの時代における企業内学習の役割は、どのようなものでしょうか。

まず考えられるのは、**従業員のパフォーマンスを向上させ、企業の競争力を上げ、成果につなげる**ことです。これは当然のことのようにも思えますが、社員研修が成果に結びついているかと問われたら、自信をもってイエスと言える企業は多くはないでしょう。人材育成が従業員や企業の成長を目指すものであることは変わりませんが、世の中が大きく変化し、これまで以上に競争が激しくなっている時代だからこそ、あらためて「現場で使える」「成果が出る」という研修の本来の目的を実現することが求められます。

次に、よりいっそう成果が求められる世の中だからこそ、企業内学習によって**イノベーションを生み出す**ことが必須となります。とくにここ1年は世界の常識が一気に変わり、これまでの成功体験が通用しないことが増えました。新しい世界で競争に勝つためには、新たな価値を生み出さなければなりません。そのとき、「学び」こそが、イノベーションを生み出すカギになります。

3つ目は、**変化に対応して生きるためのスキルを習得する**ことです。企業と従業員の関係も、従業員が同じ企業に長く勤める「メンバーシップ型」から企業が仕事に合わせて人材を採用する「ジョブ型」への移行が進んでいます。これは、国や企業にとっては国際競争力を上げてダイバーシティに対応するため、また、従業員にとっては技術の進歩や環境の変化に柔軟に対応するための移行でもあります。

現在、人材育成業界でキーワードになっているのが、**「リスキリング（職業能力の再開発・再教育）」**です。

リスキリングは、**従事しているビジネスに関連した知識やスキルを深めたり高めたりすること（アップスキル）だけでなく、新たな業務を行うスキルや他分野の知識を身につけること（リスキル）が重要である**というものです。数年後には「今はない仕事」が生まれる時代において、リスキリングは企業にとっても、従業員個人にとっても重要です。

本書では、企業内学習によって「成果につなげる」「イノベーションを生み出す」「変化に対応して生きるためのスキルを習得する（リスキリング）」という目的を実現するための効果的な手段である**「ブレンディッド・ラーニング」**を紹介しています。

ブレンディッド・ラーニングは、ただいくつかの学習内容を組み合わせるだけでなく、教育学の理論を背景に、テクノロジーを活用し、学習効果の高いコンテンツ提供を実現することで、柔軟かつ効果的・効率的な新しい時代の学び方を実現するものです。

ブレンディッド・ラーニングについて初めて聞く方も少なくないかもしれませんが、実はブレンディッド・ラーニングの歴史は古く、とくに学校教育分野では以前から注目されてきました。

また、私たちユームテクノロジージャパンが日本フューチャーラーナーズ協会と協力して提供している「ブレンディッド・ラーニング・ファシリテーター養成講座」（→P73）には、パナソニック、トリンプ・インターナショナル・ジャパンなど、「学びの変革」に取り組む多くの企業から人材開発のご担当者様にご参加いただき、ブレンディッド・ラーニングを社内研修に取り入れ、効果を実感していただいています。

私たちが提供するラーニング・プラットフォーム「ＵＭＵ」は、グーグルでトップマネージャーに選ばれ、グーグル社内の社員教育機関「Google University」の初代教授を務めたドングショー・リーによって２０１５年に設立されました。学習理論にもとづいた効果的な学びを最先端のテクノロジーで実現するそれまでにないプラットフォームとして多くの企業に評価され、今では、世界の２０３の国と地域、１００万社以上の企業で導入されています。

UMUはブレンディッド・ラーニングをワンストップで構築可能な、自信を持っておすすめできるプラットフォームですが、本書では多くの企業にいち早くブレンディッド・ラーニングを知り、取り入れていただくことを目的として、UMUに限らず、さまざまな方法でブレンディッド・ラーニングを実現する手段を読者のみなさまにお伝えしていきます。

本書をきっかけに日本の多くの企業が、そして従業員一人ひとりが、新たな学びを体感し、時代の変化をポジティブに捉えられるようになったとしたら、著者としてこれに勝る喜びはありません。

2021年3月

学びのアルケミスト　小仁　聡

新リモート時代の人材育成学　ブレンディッド・ラーニング　目次

第1章　企業研修「オンライン化」の先にあるもの

第2章

「学びのDX」を実現するブレンディッド・ラーニング

第3章

ブレンディッド・ラーニングで学びを成果に結びつける

第4章

TK：テクノロジーをブレンドする

第5章

CK：コンテンツをブレンドする

第6章

PK：教育学にもとづいた学習理論をブレンドする

第7章

ブレンディッド・ラーニング設計の事例

第8章

未来の人材育成はどうあるべきか

協力　Dongshuo Li　浦山昌志　松田しゅう平
ユームテクノロジージャパン
ブックデザイン　小口翔平＋奈良岡菜摘＋阿部早紀子(tobufune)
イラスト・図版　大野文彰
DTP　三協美術
校正　くすのき舎
プロデュース　高橋洋介(日本経営センター)
編集担当　河西　泰(フローラル出版)
編集協力　山中勇樹　深谷美智子(le pont)

第1章

企業研修「オンライン化」の先にあるもの

新型コロナウイルスにより企業のDXが加速した

新型コロナウイルスがもたらした「新しい生活様式」

２０１９年12月8日。中国の湖北省武漢《ぶかん》市で「新型コロナウイルス感染症（COVID-19）」の最初の感染者が確認されました。その後、アメリカやヨーロッパ、アジア、アフリカなど世界中に広がり、２０２０年1月には日本で最初の感染者が報告されています。世界中で感染者が増え続け、各国でロックダウン（都市封鎖）が広がるなか、日本でも２０２０年の4月に外出自粛を呼びかける緊急事態宣言が発出されました。

新型コロナウイルスは私たちの暮らしを大きく変えました。マスク着用や手洗いといった基本的な感染予防対策のほか、身体距離の確保という新習慣が加わり、「3密」という言葉も生まれました。大人数での会食が制限され、不要不急の外出が制限されるなど、「新しい生活様式」では、それに伴う行動変容、および意識の変革を求められました。

もちろんその中には、日々の生活だけでなく仕事も含まれています。移動や対面での交流が制限され、できることが限定的になるなかで、これまでと同じように経済活動を営んでいくことはできません。仕事においてもさまざまなかたちでのシフトが必要になり、在宅勤務を含むテレワークを実施する企業が増えました。

2020年夏に開催が予定されていた「東京2020オリンピック・パラリンピック」に向け、一部の企業では、開催1年前からテレワークの試験運用の実施や、交通渋滞と宿泊施設の満室が予想されるこの期間に東京から離れた場所やリモートでの研修を行うことを構想していました。このように、もともと予定されていた新たな試みが、新型コロナウイルスにより、なかば強制的に早められたのです。

ビジネスに変革を起こし、競争優位を確立する「DX」

なかでも、2019年頃からよく聞かれるようになった「DX（デジタル・トランスフォーメーション）」はその象徴と言えます。

そもそもDXとはなんでしょうか。経済産業省の『「DX推進指標」とそのガイダンス』

によると、次のように定義されています。

「企業がビジネス環境の激しい変化に対応し、データとデジタル技術を活用して、顧客や社会のニーズを基に、製品やサービス、ビジネスモデルを変革するとともに、業務そのものや、組織、プロセス、企業文化・風土を変革し、競争上の優位性を確立すること」

これはつまり、**「デジタル技術を活用し、既存のビジネスから脱却しつつ、新たな価値を生み出して、競争優位を確立すること」**です。重要なのは、デジタル技術を活用するだけでなく、それによってビジネスを変革させていくことにあります。

経済産業省が2018年9月に発表した「DXレポート」では、副題に「2025年の壁」という言葉を使いつつ、日本の危機的状況を示唆しています。具体的には、**DX対応の遅れにより、2025年以降に最大で12兆円の経済損失が生じる可能性があることに加え、国際競争に大きな遅れをとる**と懸念されているのです。DXは今、企業が最も力を入れて取り組むべきものと言えるでしょう。

在宅勤務などのテレワークと、それに伴う環境整備、さらには事業計画や戦略の見直しなど、企業のDX対応はコロナ禍によって予定よりも早められました。しかし一方で、「何から手をつければいいのかわからない」など、悩んでいる企業も少なくないようです。

ＤＸの中身は、社内のＩＴシステムの構築だけに留まらず、企業のビジョンや経営トップのコミットメント、企業文化、マインドセット、人材育成や各事業への落とし込みまで多岐にわたります。まさに、総合的な施策です。

ただ、いずれにおいても共通しているのは、「競争優位の確立」が目的であるという点です。そして、それを実現するために企業がまず取り組むべきなのが**「学びのＤＸ」**です。

企業研修もオンライン化の時代に

業務のオンライン化はあらゆる場面で進みました。たとえば、営業部員が直接顧客と名刺交換する機会は一気に減り、Zoomなどの会議システムを使って営業活動を行うようになりました。また、SlackやMicrosoft Teamsなどの業務コミュニケーションツールが普及したことで、従業員が家にいてもプロジェクトを進めることができるようになり、社内のコミュニケーションも大きく変化しました。

採用活動においても、オンラインでの面談が当たり前になりました。２０２１年度入社予定の新入社員については、一度も対面での面接を行わずに入社させる企業もあります。

リモート化・オンライン化の波は、教育分野にも及びました。日本では、通信環境の整備や家庭環境の違い、教える側である教師たちのITスキルやノウハウの個人差、さらには著作権などの問題があり、学校教育のオンライン化がなかなか進まない状況がありました。いまだに学校単位での差はあるものの、そうした制約がコロナ禍で急速に取り払われ、教育現場においても、授業のオンライン化が進みました。

学校だけでなく、企業内でも研修のオンライン化が徐々に進みました。**企業がデジタル技術を使ってビジネスに変革をもたらすために、「学びのDX」は最優先に取り組むべき課題です。**なぜなら、次のような理由から、**学習こそが競争優位を確立する要である**と言えるからです。

1. 学習は多様化する仕事へのシフトを可能にし、成果を出せる人を育てる（「知っている」だけでなく「できる」ようにする）
2. 学習は戦略実行のドライバーになる（ビジョンを伝え、対話、腹落ちして確実に実行してもらう）
3. 学習は変化に対応し、イノベーションを生み出す（イノベーションは人との対話や異業種からの学びにより生み出される）
4. 学習は従業員のエンゲージメントを高める（日々の仕事における成長実感、個別ニーズに対応

した学習機会の提供やキャリア開発）

しかし、実際には企業によって対応が分かれています。通信環境やデバイスなどが十分に提供されていない企業や、短期間で形だけオンライン化している企業も少なくありません。また、デジタルデバイスを使うことや研修のオンライン化が主軸に置かれてしまい、DX対応そのものが「目的化」している側面もあります。しかし、デジタルデバイスの活用やオンライン化はあくまでも手段であり、DXの目的ではありません。

そのような流れを変えていくには、従来のようなトップダウン型のDXに加え、ボトムアップ型のDXも導入していく必要があります。つまり、デジタルデバイスの支給や業務の効率化などの全体的なシステムの最適化だけでなく、**従業員のスキルアップやノウハウの共有、企業文化の醸成もDXの一環として進めていく**のです。

トップダウンとボトムアップの両方があってはじめて、全社的な「学びのDX」が実現できます。デバイスやツールに関しても、経営トップが主導して取り入れるよりも現場がよいと思ったものを導入したほうがより広く活用されやすいのです。

現場がどのような学びが必要なのかを考え、学ぶ側も意見やアイデアを出しつつ、相互に学び合う環境をつくること。そこから、全社的な学びの文化が醸成されていきます。

2020年は「研修オンライン化の元年」

「オフライン研修」から「オンライン研修」へ

では、実際、企業研修はコロナ禍の前とどのように変わったのでしょうか。

2019年度まで、企業の人材育成における研修設計は「オフライン研修」が中心でした。オフライン研修とは、特定の場所に対象者を集合させ、対面式で行われる従来型の研修スタイルのことです。

しかし2020年度からは、コロナ禍で「集合」「対面」のいずれもできなくなり、「オンライン研修」への移行が加速しました。パーソル総合研究所の調査によると、2018・2019年度には7割以上の企業が行っていた集合での新入社員研修が2020年度には4~5割に減少し、一方、2018・2019年度には1割台であった

2020年に進んだ「研修のオンライン化」

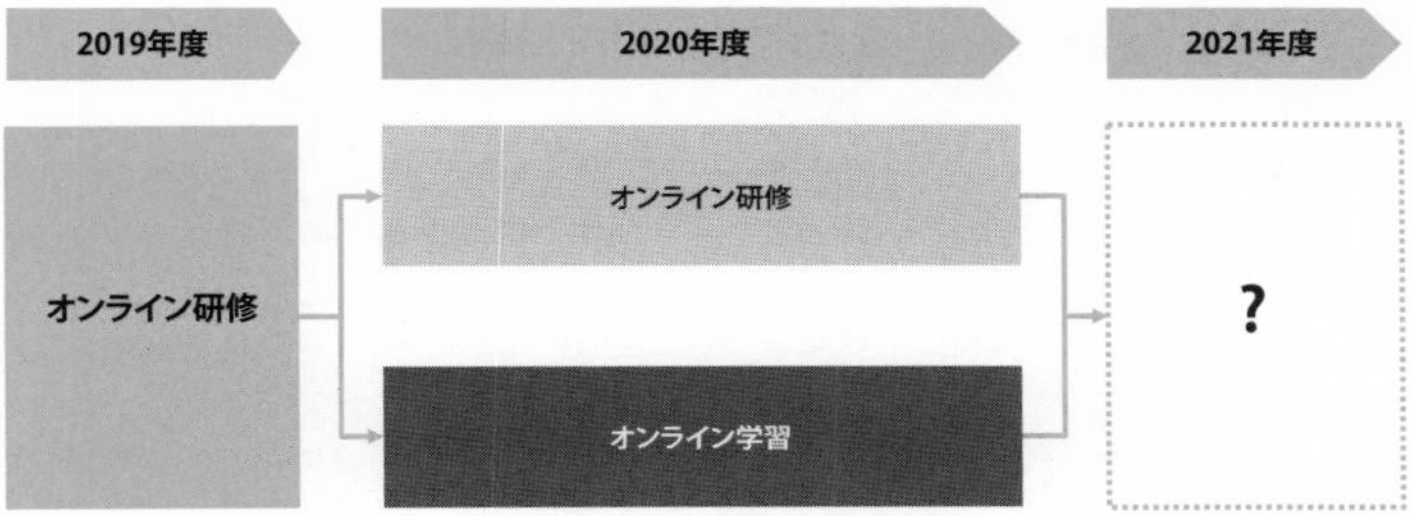

2020年は、それまでの「オフライン研修」が減り、企業内学習がeラーニングなどの「オンライン学習」と会議システムなどを使った「オンライン研修」に一気にシフトした。

オンライン研修の実施率が5～6割に増加しました。

これまでも集合研修以外の非対面型の学習として、eラーニングなどインターネットを利用した「オンライン学習」が行われていました。それに加えて、従来の集合研修のオンライン化も進み、**2020年はまさに「研修オンライン化の元年」であった**と言えます。

日本で最初の緊急事態宣言が出された2020年4月7日から5月25日は、多くの企業の新入社員研修の期間に該当していました。入社式すら行われない企業も多く、4月頭の入社早々、新入社員は自宅待機を命じられ、仕事はおろか研修すら受けられない新入社員も少なくなかったようです。そのような状況を放っておくわけにもいかず、各社の研修担当者は、数週間から1か月という非常に短い期間で、十分な知識も経験もないまま、新入社員研修のオンライン化を進めざるを得なくなりました。

私たちユームテクノロジージャパンにも、連日、数多くの企業様からUMUのプラットフォームを活用した新入社員研修についてお問い合わせをいただき、超短期間での研修設計をお手伝いさせていただきました。コロナ以前は3000社ほどであった国内のUMUの企業ユーザー数が1年弱の間に1万社にまで増え、日本企業のオンライン化が急速に進んだことを日々実感しています。

2020年の研修オンライン化の失敗例

2020年は、もともと将来を見据えて準備していた企業は比較的スムーズにオンライン研修へと移行できた反面、そうでない企業は、各社、手探りでオンライン化を進めていた部分も多く、その過程でさまざまな「失敗」が生じています。

たとえば、従来の集合研修をそのままオンライン化しようとしたために、学習設計が不十分であったり、短期間で大量の動画や資料ばかり見せ続けるなど詰め込み式のプログラムを組んでしまったりするケースが散見されました。

さらに、研修を提供する側の知識やスキルが不足していたために、動画の視聴時間などの受講状況を徹底的に管理したり、隙間なくスケジュールを埋めたりすることで、かえって新入社員のやる気を削ぎ、エンゲージメントや学習効果を下げる例も見られました。

なかでも、何を学んだかという「成果管理」ではなく、オンラインで「行動管理」をしようとした企業は、新入社員の主体性やモチベーションを低下させてしまった可能性があります。たとえば、タイムカード式に受講時間を管理しても、モチベーションは上がらず、受け身の姿勢を助長するだけで、期待するほどの学習効果も出ません。

大学を卒業したばかりの新入社員は、横のつながりを軸に情報交換を行っています。入社した企業の研修の内容についても、情報を共有しています。それにより、企業ごとの対応の違いが浮き彫りになり、新入社員の会社に対する評価も変わってきます。

2020年に研修のオンライン化を始めた企業は、次のような「失敗」により、社員のモチベーションや学習効果を下げてしまわなかったか、振り返ってみる必要があります。

- 集合研修の1日分の内容をそのまますべてオンライン化
- 大量の動画や資料をひたすら見せる

研修オンライン化の失敗例

長過ぎる研修

多過ぎる課題

行動を常に管理

従来の研修の要素をそのままオンラインに移行するだけでは、学習効果は高まらず、学ぶ側の主体性やモチベーションを下げるばかりで、成果にもつながらない。

- 無駄な空き時間ができないよう、隙間のないスケジュールを組む
- 研修中はカメラを常時オンにさせる
- きちんと受けているか不安なので徹底的な受講管理をしてしまう
- たくさんの提出物を出させる

これらは、オンラインという顔の見えない研修だからこそ、行動管理や提出物で受講状況を把握したいという企業側の都合によるもので、**本来の目的である「学びのDX」や、その先にある「競争優位の確立」にはつながりません。**

そのような間違ったオンライン研修から脱却し、正しい仕組みづくりを進めていくことが求められます。

研修をオンラインで最適化する「学びのDX」

オンライン研修の4つの「正解例」

研修オンライン化の失敗例がわかったところで、次に「正解例」にはどのようなものがあるのかを見ていきましょう。

研修のオンライン化には、さまざまな種類があります。とくに「学習の提供スタイル」という観点で考えると、**「同期・非同期」「一方向・双方向」という4つの要素**で区分けすることができます。この場合の同期とは「リアルタイム」、非同期とは「いつでも、どこでも」と考えてください。一方向は講師がひたすら話し続ける講義形式などで、双方向はディスカッションやフィードバックが可能なスタイルです。

それぞれの領域に当てはまる提供手段は、次の通りです。

オンライン研修の4つの形態

効果・効率・コストのバランスを考え最適な形態を組み合わせる

同期と非同期、一方向と双方向の4つの軸をもとに、大きく「eラーニング」「オンデマンド」「オンライン・クラスルーム」「ウェビナー」に分かれる。

- eラーニング（非同期・双方向）
- オンデマンド（非同期・一方向）
- オンライン・クラスルーム（同期・双方向）
- ウェビナー（同期・一方向）

▽eラーニング

非同期で双方向性のある学習スタイルとしてはeラーニングが挙げられます。

eラーニングの利点は、いつでもどこでも学習できることに加えて、自分のペースで学びつつ、ノウハウの蓄積や共有をしながら、多くの練習機会が与えられる点にあります。

またリアルタイムではありませんが、フィードバックやディスカッションを通じて新しいアイデアを得ることも可能です。

▽オンデマンド

次に、非同期・一方向の学習がオンデマンドです。オンデマンドの利点は、学習者がいつでもどこでも学べることです。また、提供者の立場から考えると、学習者との対話の設計まで考えて作成するといった専門的な知識が必要ないため、簡単かつ大量に生産することができます。

大人数にも対応できるスケーラブルな運用や、情報の鮮度や更新のしやすさを重視する場合は、オンデマンド型の学習が強みを発揮します。

▽オンライン・クラスルーム

オンライン・クラスルームは、リアルタイムかつ双方向の提供手段です。「クラスルーム」ですから、「対話」がポイントになります。

利点としては、時間を共有しているため、対話を通じてマインド醸成がしやすいことにあります。また、学んだことに対する即時フィードバックやその場でのコメントが共有できるのも強みのひとつです。

▽ウェビナー

最後に、ウェビナーは、リアルタイムではあるものの、双方向ではなく一方向の学習方法です。オンライン・クラスルームと異なり、双方向の対話やコメントが入っていないため、後日、ウェビナーの内容をそのまま学習コンテンツとして二次利用できるのが利点です。また、多数の人を相手に学習機会を提供できるため、効率面でも優れています。

オンライン化成功のポイントは「組み合わせ方」

これら4つの手法は、それぞれメリット・デメリットがあります。**大切なのは、目的に照らし合わせつつ、効果・効率・コストを踏まえて組み合わせること**です。

たとえば、双方向性のあるオンライン・クラスルームやeラーニングは「対話」ができることが利点ですが、そのぶん、設計には、専門性と時間が必要となります。対話や即時のフィードバックを必要とせず、より多くの人に提供することを優先する場合は、ウェビナーやオンデマンドが視野に入ります。

基本的な考え方として、**知識学習においてはウェビナーやオンデマンドをフルに活用しつつ、実際の業務に生かすにはオンライン・クラスルームやeラーニングを使っていく**のがポイントです。

このように企業研修のオンライン化は、**それぞれの手法を組み合わせて最適化する**という発想が不可欠です。そのような仕組みを整備し、ラーニングによる競争優位を実現すること。それが「学びのＤＸ」となります。

すでに一部の企業では、オンライン研修を経てさまざまな気づきを得ています。

オンライン化の優位性としては、全員が同じタイミングで受講できることや、発言や意見の共有が容易であること、さらには主体的な参加を促し、対面で集合するよりも、一人ひとりの参加者の顔を確認できるなどの点が挙げられています。

一方で、オンライン化で実現しづらいのがマインドやつながりの醸成、エンゲージメントへの配慮、あるいは感情や温度感、ボディランゲージの共有です。また、画面で自分の姿を見続けることで疲弊するといった弊害もあります。

このように、オンラインならではの優位性を生かしながら、デメリットを解消していく視点が、「学びのＤＸ」には欠かせません。

オンラインとオフラインの「いいとこ取り」が成功のカギ

オンラインとオフラインの学習を効果的に組み合わせる

ここまで、「学びのＤＸ」においては、**これまで行われてきた研修をそのままオンライン化すればいいわけではない**こと、**オンラインにも大きく4つの提供手段がある**ことをご説明しました。

しかし、「学びのＤＸ」はそこで終わりではありません。オフラインをやめて研修をすべてオンライン化するのではなく、**オンラインだけでなく、オンラインとオフライン、それぞれの特性を生かして研修を設計していく**のが本当の「学びのＤＸ」です。

前提としてご理解いただきたいのは、**「オンラインとオフラインのいずれかが優れている」ということではない**という点です。最終的な目標が「学習効果を高めて競争優位を実現すること」である以上、それぞれの強みと特徴をきちんと把握し、最適な組み合わせを模索することが大切です。

オンライン向きのコンテンツ、オフライン向きのコンテンツ

オフライン研修、オンライン研修、オンライン学習の3つの提供スタイルに最適なコンテンツの例としては、次のようなものが挙げられます。

▽オフライン研修

従来型の対面での研修です。時間や空間を共有し、対話ができるため、マインド醸成、チームビルディングやエンゲージメントの強化、「仲間と協調して取り組む」といった非認知能力（ソフトスキル）の開発に向いています。

▽オンライン研修

オンライン・クラスルームやウェビナーがこれにあたります。画面上では上下関係がなく全員がフラットな関係になり、文字による意見投稿が可能になるため、空気を読み過ぎ

ることがありません。また、一斉発信・受信が可能で講師側からのリアルタイムでのフィードバックやコーチングもできるため、対話を重視したワークショップなどに向いています。画面操作をうまく活用すれば、パソコン操作方法を教えるといった基礎学習にも最適です。

▽オンライン学習

eラーニングやオンデマンドなどオンラインで自分のペースで受けることができる学習スタイルです。知識や専門スキルなどの数値化できる認知能力や、たとえばプレゼンテーションスキルなど、練習を積み重ねることでできるようになるソフトスキルを磨くのに有効です。周囲とペースを合わせる必要がないため、個人の学習ニーズやレベルに合わせたアダプティブかつパーソナライズ（個別化）された学びが実現できます。

この3つの提供スタイルにもメリットとデメリットがあります。

たとえばオンライン学習は、反復練習を通した知識の習得や、自分のペースでじっくりと内省するなどのキャリア研修には有効ですが、学んだことを実践できるようになるまでに必要な「リアルタイムのフィードバック&コーチング」がないのが課題です。対話によ

3つの学習提供スタイルのポイント

オフライン研修	オンライン研修（生放送とビデオ会議）	オンライン学習
同じ時間・同じ場所	同じ時間・異なる場所	時間と場所を問わない
講師のガイド	バランスのとれたペース	学習者のペース
標準化	スケーラブル	パーソナライズ
リアルタイムエンゲージメント	リアルタイムエンゲージメント	非同期エンゲージメント
その場限り	アーカイブで復習可能	くり返し復習可能
アウトプットは限定的	アウトプット量の増加	全員アウトプット可能

時間や場所、学習のペースやスケール、インプットとアウトプットの量など、目的に合わせて組み合わせることが重要。

る腹落ち感や捉え方の変化は、オフライン研修やオンライン研修でこそ得られるものであるため、これらを組み合わせていくことが大切です。

とくに仕事においては、認知能力と非認知能力をリアルタイムの相互関係を通じて養いながら、チームビルディングやエンゲージメントの強化にも努めなければならず、オフライン研修やオンライン研修も必要になります。

どれかひとつの方法を採用するのではなく、それぞれの強みを理解して組み合わせていくことが、学びのＤＸにおいては不可欠です。そのため、研修設計をする前に、各提供スタイルに合ったコンテンツを理解しなければなりません。

学習の提供スタイル別コンテンツ例

	オフライン研修（F2F／対面型）	オンライン研修（オンライン・クラスルーム／ウェビナー）	オンライン学習（eラーニング／オンデマンド）
能力開発領域	■ 非認知能力（ソフトスキル）の開発 ■ ハンズオン（機器操作など） ■ チームビルディング／エンゲージメント強化	■ デリバリースキル（表情などのインプレッション） ■ 音声による対話コミュニケーション ■ 画面操作を中心としたハンズオン	■ 専門知識習得 ■ 文字情報を中心とした認知能力 ■ 自己内省
特徴（強み）	■ 時間×空間の共有体験 ■ 五感のフル活用 ■ 原体験づくり（将来に向けた礎づくり）	■ 全員同時参加／フラットな関係性 ■ 即時フィードバック＆コーチング ■ 自分の姿をミラーリング ■ 画面共有	■ 心理的安全性 ■ 反復練習 ■ アダプティブ＆パーソナライズ
アクティビティやコンテンツの種類	■ トップ講演 ■ 対話型アクティビティ ■ 創造系アクティビティ ■ 表現系アクティビティ ■ 体感型アクティビティ	■ ワークショップ（アイデア創造／問題解決） ■ セールス／カスタマーサクセス ■ プレゼンテーション ■ PC操作方法	■ 知識習得 ■ 内省型プログラム ■ 反復練習プログラム

3つの提供スタイルが効果的に開発できる領域と強み、それぞれに合ったコンテンツを理解して研修を設計する。

オンライン化の先にある「ブレンディッド・ラーニング」

4つの学習シーンをブレンドする

より高いレベルで企業研修のDXを進めていくためには、オフライン研修、オンライン研修、オンライン学習の3つを組み合わせた学習スタイルが求められるとお話ししてきました。学習内容や効果・効率、コスト面を考えながらそれらの最適な「組み合わせ」を考えることが、今後の企業内研修の課題です。

2020年度の段階では、オンライン学習とオンライン研修を組み合わせて対応していた企業も多いと思われます。今後は、それらに加えて、オフライン研修（対面・集合の教室ベースのトレーニング）をどう組み合わせるのかを模索していくことになるでしょう。

これら3つの提供スタイルに加えて、最も重要な4つ目の学習シーンである「職場学習

研修オンライン化から「ブレンディッド・ラーニング」へ

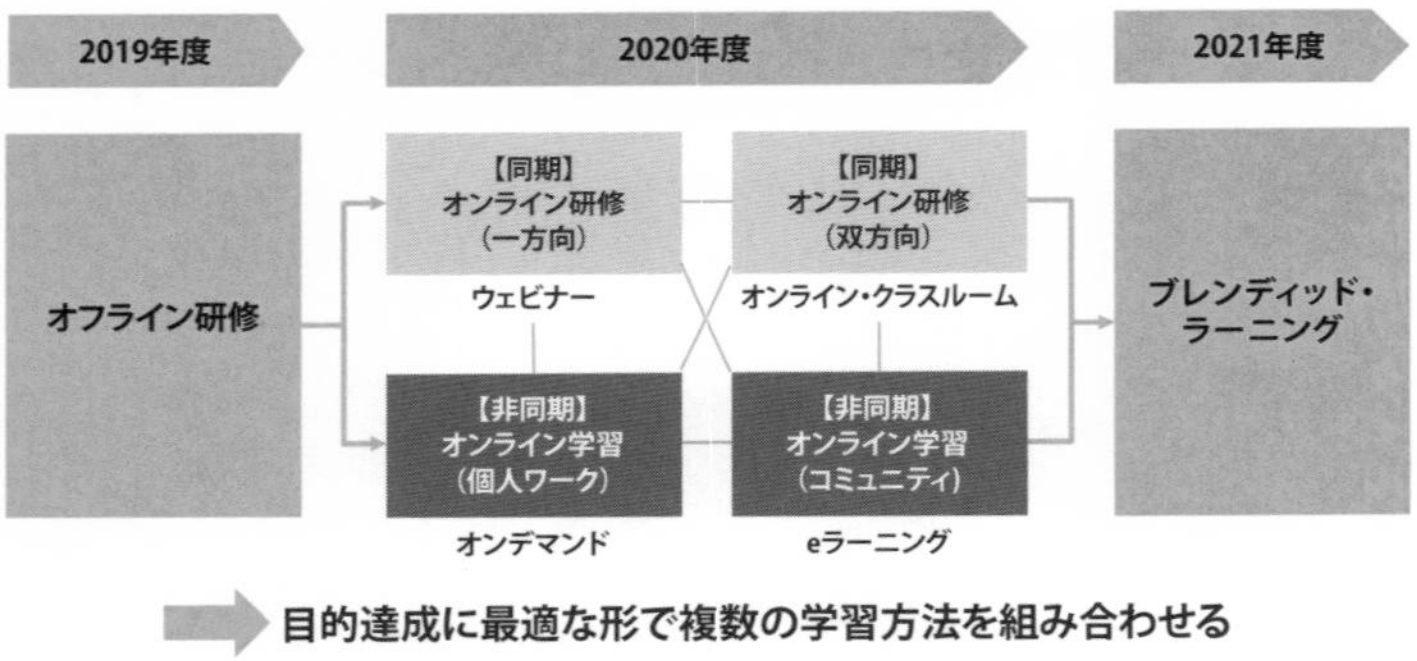

従来のオフライン研修から、2020年度にはオンライン研修とオンライン学習の組み合わせが行われた。さらに2021年度以降は、オフライン研修も効果的に組み合わせた「ブレンディッド・ラーニング」へと発展していく。

(Workplace Learning)」による実践を加え、さらに効果的に学びを深めていくこと。それが、本書のテーマであり、学びのDXを実現する**「ブレンディッド・ラーニング」**という考え方です。

また、ブレンディッド・ラーニングとは、**同期・非同期、オフライン・オンラインなど、これまでご説明した複数の提供手段のほか、学習のメディアや講義、チャット、アンケートなどの学習活動まで、あらゆる要素をブレンドして実施する学習スタイル**のことです。

詳細については第2章以降で解説しますが、各要素の強みを生かすことでより効果的な学習を実現します。

効果的な組み合わせを考えて設計する

ブレンディッド・ラーニングの考え方を、シンプルな例を交えてご説明しましょう。

たとえば対面で集合するオフライン研修は、事前準備と当日の運営など、費用も工数も大きいため、対面でしか行えない研修内容にフォーカスすることが大切です。一方でオンライン研修は、一度に対応できる人数が多いため、講師の生産性は高くなります。また学習コンテンツの質をきちんと磨いておけば、講師のスキルに左右されずに運営できます。オンライン学習は、コース作成の手間とコストは小さくないものの、再利用が可能なため投資回収しやすいのがメリットです。その点、つくり込みと改良がポイントになります。

この点を踏まえ、3つのスタイルを**「事前」「当日」「事後」**で組み合わせます。具体的には、オンライン学習で事前知識を得て、研修当日はオンラインやオフラインでディスカッションをし、事後に再びオンライン学習をして定着を図ります。さらに、学んだことを職場で実践し、結果や気づきをシェアすれば、実践を通じたナレッジ共有も可能です。

このように目的や効果を考えながら、あらゆる要素の「いいとこ取り」をすることがブレンディッド・ラーニングの基本となります。

研修オンライン化の壁をクリアする

オンライン化することで約9割のコストカットが可能

本章の最後に、研修をオンライン化する際の「壁」についてお話しします。

実際にみなさんの企業で、研修のオンライン化やブレンディッド・ラーニングを取り入れる際、「予算配分」の問題が発生することが想定されます。この点については、これまでオフライン研修に偏っていた状況を見直し、研修費用の大半を占めていた交通費や宿泊費などを新たなオンライン研修設計の費用に移行すれば十分にカバーできます。

矢野経済研究所の調査によると、2019年度の企業向け研修サービスの市場規模は、事業者売上高ベースで5270億円（前年比0・8％増）でした。なかでも「企業の積極的な新卒採用を背景とした新人研修需要の拡大がマーケットの成長ドライバーとなっている」

研修オンライン化のコスト削減効果

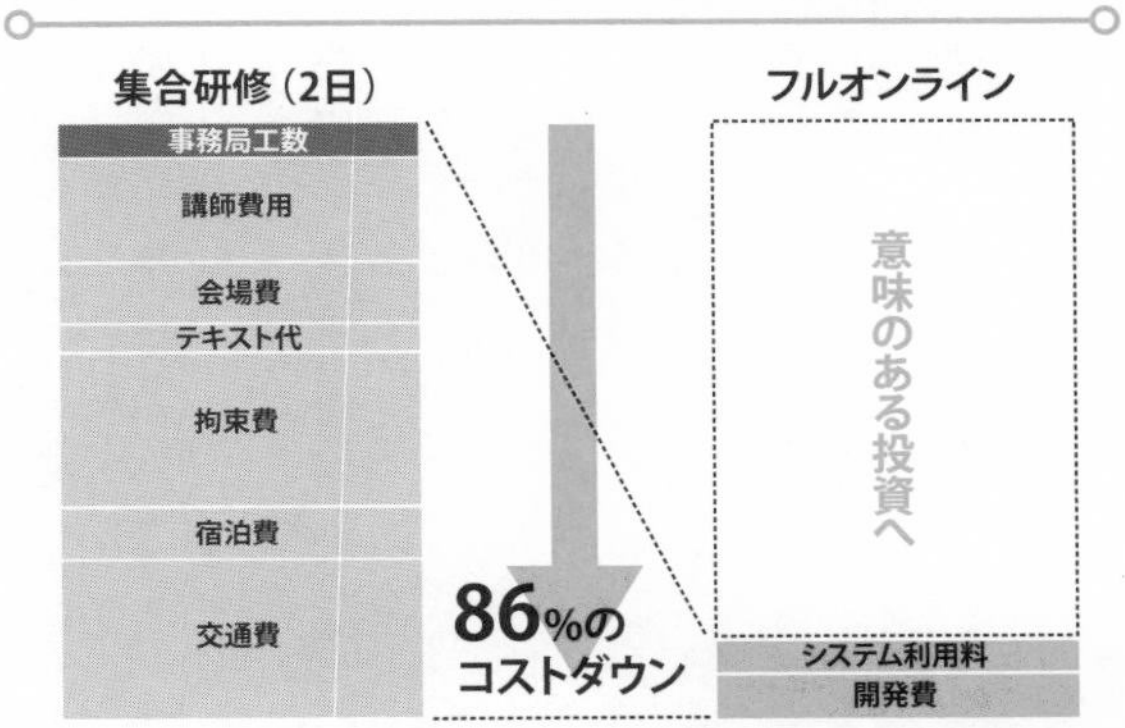

交通費・テキスト代・会場費など削減した分を意味のある学習投資へ

オフライン研修をフルオンラインに移行した場合、テキスト代や会場費のほか、交通費や宿泊費など人数分かかっていた費用がなくなり、大幅なコストダウンが可能。

と分析されています。

また産労総合研究所の調査では、階層別研修の実施予定率は「新入社員教育」が95・7%（２０１９年度調査）と最も多く、調査回答企業における教育研修費用の総額も２０２０年度の予算額ベースで７３７０万円であることから、予算配分の検討が今後のカギとなりそうです。

つまり、**新入社員教育をはじめとするオフライン研修に割いていた予算を、オンラインとオフラインの研修、およびオンライン学習に適切に振り分けていけば、企業内研修の設計を最適化しつつ予算の問題もクリアできる**ということです。

事実、研修のオンライン化によるコスト削減効果は非常に大きいです。対面型の集合研修（2日間）をフルオンラインにした結果、**「講師費用」「会場費」「テキスト代」「宿泊費」「交通費」などが削減され、約86％のコストダウンを実現できた**例もあるほどです。

削減できたコストを競争優位を実現するための「意味のある投資」に振り分ければ、コスト削減を実現しながら、より大きな成果を出すことが可能になるのです。

技術に関するハード面とソフト面のハードル

次に、技術的なハードルについてはどうでしょうか。

ハード面に関しては、デバイスやインフラの問題や通信環境などの課題がありつつも、各社、環境整備が進んできている印象です。また、セキュリティの問題に関しても、運用面で技術的にカバーすることは可能です。一方で、顧客情報が流出する懸念や従業員のＩＴリテラシーのばらつきなど、ソフト面での課題は企業ごとに大きく異なります。また既存社員からの抵抗が強いなど、社内の方針や文化が壁になることも少なくありません。

ただ、あらゆる企業においてＤＸ対応が待ったなしの状況である現状を踏まえると、**予算、ハード、ソフトの問題をクリアし、できるだけ早く自社に最適なラーニング環境を整備していかなければ、競争優位を実現するのは難しいと言わざるを得ません。**

column

ラーニングとトレーニングの違い

企業内研修の文脈で混同しやすい言葉に、「ラーニング」と「トレーニング」があります。直訳すると、前者は「学習」、後者は「訓練」となりますが、その意味するところを正確に把握できていないケースが少なくありません。

たとえばトレーニングは、ある特定の作業や業務を正しく行えるようにするための、体系的な練習と表現できます。そのため、正しい手順で練習することが不可欠であり、体系的に学ぶ必要があります。トレーニングで重要なのは順番です。

そこで、トレーニングのプログラムについて考えるときには、「Aが終わらない限りBに進めない」など、手順を重視することが大切です。手順を無視してバラバラに学んでしまうと、特定の作業や業務をマスターするのに時間がかかってしまいます。

一方でラーニングは、より広い意味での学びとなります。そのため、最初の段階ではトレーニングのように体系的な学習が必要ではあるものの、その後は学習者の習熟度や課題に応じてカスタマイズしていくことが求められます。

なぜなら、学習者が一定以上の習熟度に達したあとは、学習者が課題に直面し、必要性を感じたタイミングで最適な情報を提供する「学習者視点でのラーニングジャーニー（学びの旅路）」を形成することが大切だからです。研修設計者はその点を踏まえ、手順を固定せず自由度を増減させながら設計していきます。

以上のように、学ぶ手順が重要なトレーニングに対し、ラーニングは体系的な学習をベースにしつつ、学習者視点でカスタマイズしていくことが重要です。両者は似ていますが、その発想には違いがある点に注意してください。

とくに本書で言及している内容は、ある特定の業務を遂行するために必要なトレーニングではなく、知識、スキル、ノウハウ、さらにはイノベーションにつながるアイデアや発想を含む広い意味での学び、つまりラーニングです。

これまでの企業研修は、トレーニング型を中心に実施されてきました。しかし、職業や仕事内容、働き方、さらには消費者の思想やニーズも多様化している現代では、各企業もトレーニングだけでなくラーニングを提供していく必要があります。

学びのコミュニティ「Learning to be Great」の共同所有者であるステファン・ギルは、トレーニングとラーニングを企業文化の視点で捉え、「トレーニング・カルチャー」と「ラ

トレーニング・カルチャーとラーニング・カルチャー

	トレーニング・カルチャー	ラーニング・カルチャー
主体	インストラクター CLO(最高学習責任者)	学習者 (従業員、チーム)
形式	一時的なイベント	継続的な学習
学習設計の担い手	一部門に集中	社内外に分散
知識・情報	分断される	共有される
重視するポイント	提供回数 参加人数	従業員の成果 組織の変化

今後は、特定の業務に関するトレーニングだけでなく、ラーニング全体の設計をしていくこともHRの役割となる。

ーニング・カルチャー」という言葉で表現しています。

トレーニング・カルチャーとラーニング・カルチャーでは、主体、形式、学習設計の担い手、知識・情報、重視するポイントが異なります。

トレーニング・カルチャーでは、インストラクターや人事担当者、あるいはCLO（Chief Learning Officer：最高学習責任者）が主体となり、ワークショップやカンファレンスなどのイベント型を中心として、人材開発部門が一元的に学習環境をコントロールします。

また、トレーニング・カルチャーでは、他部門よりも「より多く知っている」ことが重視されるため、知識や情報がシェアされず、分断されます。また、「どのようなコースが何人に提供されたのか」に主眼が置かれ、提供回数や参加人数が重視されます。

一方で、学習者が主体となって学び、イベント型ではなく継続的に、組織ぐるみで学習が進められ、相互の知識や情報が共有されるのがラーニング・カルチャーです。最終的なゴールは成果であり、競争優位の実現です。

テクノロジーの進化によって、トレーニングのみでは生産性の改善に寄与しないことが明らかになりました。これからは、社員の創造性やイノベーションの創発を実現するような継続的学習を土台とする、ラーニング・カルチャーが不可欠になります。

第1章のディスカッションページ

こちらのQRコードから、UMU上に設定された本書のディスカッションページへお入りください。第1章に関する読者のみなさまの気づきや学びをアウトプットし、学びをブレンドしていただけます。より深い学びのために、ぜひご活用ください。

第2章

「学びのＤＸ」を実現するブレンディッド・ラーニング

ブレンディッド・ラーニングがもたらす「4つのメリット」

ブレンディッド・ラーニングで企業内学習は変わるのか？

第2章では、前章で紹介したブレンディッド・ラーニングについて詳しく解説します。企業内学習にブレンディッド・ラーニングの理論を応用して「学びのＤＸ」を実現するためには、ブレンディッド・ラーニングについて正しく理解する必要がありますが、「そもそも、ブレンディッド・ラーニングを取り入れたところで、本当に従業員が成長するのか？　会社が変わるのか？」という疑問をお持ちの方もいらっしゃるでしょう。

そこで、理論的な話をする前に、「ブレンディッド・ラーニングを導入することで企業研修がどう変わるのか」というメリットについて触れておきます。主に次の４つのメリットが挙げられます。

- 「点」を「線」にする学習設計（イベントからジャーニーへ）
- 効果・効率・コストの最適化（3つの制約からの解放）
- 職場を中心とした学びの文化醸成
- 柔軟な学習提供が可能になる

これらのメリットは、従来のオフライン研修のみに頼っていた企業内学習のデメリットをすべて改善するものでもあります。

ブレンディッド・ラーニングで企業内学習はここまで変わる

従来の企業内学習のデメリットをブレンディッド・ラーニングがどのように改善していくのか、4つのメリットについてそれぞれ詳しく見ていきましょう。

▽「点」を「線」にする学習設計

ひとつ目は、**「点」を「線」にする学習設計**についてです。従来の研修は、「研修を行うこと」が半ば目的化され、「どのような研修を何回、何人に行ったか」が重視されていました。そこには本来の研修の目的である「従業員の成長、それによる会社の成長」という視点が欠けています。研修が点として存在し、本来のゴールまでつながっていないのです。

一方、**ブレンディッド・ラーニングは、研修で学んだことを「知っている」だけではなく、現場で「できる」ようになるまでをサポートする、つまり「定着とその後の職場での発揮」までしっかり線でつなぐことができる**という強みがあります。

ブレンディッド・ラーニングの考え方は、いわゆる「学習の科学」をはじめとする理論をもとにつくられています。最終的な目的を見据えながら、この理論をもとに最適な学習要素を組み合わせて企業内学習を設計すれば、これまで「点」として存在していた研修を「線」にできるのです。

言い換えると、ブレンディッド・ラーニングを企業研修に取り入れることで、**従来の「イベント型研修」から「ジャーニー（旅）型研修」へと移行できる**ということです。

イベント型の研修では、提供回数や参加人数、あるいは参加者の満足度が重視されています。そのため個々の研修が単発的で、実務の成果につながりにくく、しかも外部の研修会社に丸投げしていた場合、研修のノウハウも蓄積されません。

一方でジャーニー型の研修は、求める成果から逆算し、理論にもとづいて研修内容を設計します。そのためイベントのように単発ではなく、継続的な学びと知識共有を実現する環境を従業員に提供することができます。その結果として、実務と研修を含むすべての学びが線でつながり、従業員が確実に成長し、会社の成長にもつなげることができます。

このように、**ブレンディッド・ラーニングを企業研修に応用することは、従来のイベント型研修を、成果につながるジャーニー型研修へと変えるカギ**となります。その土台となる理論の詳細は、第3章で詳しく解説しています。

▽効果・効率・コストの最適化

2つ目は、**「効果・効率・コスト」という3つの制約から解放される**ことです。

あらゆる企業研修は、「学習効果」と「コスト」「効率（トレーナーの生産性）」という3つの視点で評価できます。その3つに配慮して研修を実施することが、企業研修における「最適化」です。

学習効果やコストを追求することは「ROI（Return On Investment：投資対効果）への挑戦」を意味します。ただ、研修の投資対効果をどこまで高められるかの検討に終わりはなく、また絶対的な正解もないため、研修担当者は判断に苦慮することとなります。

また、効率とコストを追求すると「拡張性への課題」が浮き彫りになります。つまり、どこまで広い範囲で、多くの従業員に十分な数の研修を実施できるかを、効率とコストの

テクノロジーの活用で3つの制約から解放

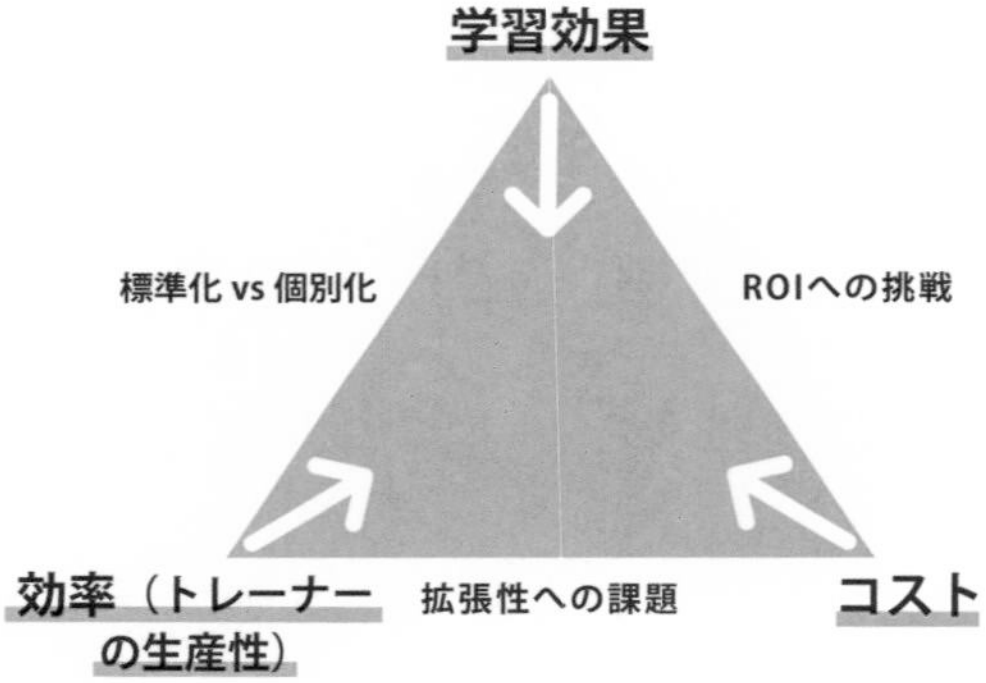

これまでの研修では、「学習効果・効率・コスト」のどれかを優先するために別の要素を犠牲にする必要があった。ブレンディッド・ラーニングではこの制約がなくなる。

バランスから見極めなければならず、こちらも難しい問題です。

さらに、学習効果と効率の追求には「標準化VS個別化」の問題があります。学習効果を求めるなら個別化が必要ですが、個別化すると効率は下がるため、やはり判断が難しいのです。

以上のような問題に対し、ブレンディッド・ラーニングは一定の答えを与えてくれます。**第1章で説明したように、オンライン化することで研修コストは大幅に削減できます。また、オンライン研修・オンライン学習によって効率も上がります。学習理論を応用しながらオンラインの自己学習を行えば、効果も担保することが可能です。**トレードオフと思われていた3つの要因を、テクノロジーを活用して効果的にブレンドすることで、最適化できるのです。

大切なのは、効果・効率・コストの3つを「制約」と捉えるのではなく、**最適解を導き出すために両立可能な要素である**と理解すること。そのもととなるのが、ブレンディッド・ラーニングの考え方となります。

▽職場を中心とした学びの文化醸成

3つ目は、**職場を中心とした学びの文化を醸成できる**ことです。これまで考えられてきた研修中心の学びという発想ではなく、**職場（仕事）を中心とした学びの文化を創り上げていくことで、学びが生産性向上に直結します。**

たとえば前章でもブレンディッド・ラーニングのシンプルな例として挙げた「事前」「当日」「事後」の組み合わせのうち、「事前」と「事後」は、研修当日を中心として、その前後の学習（自己学習やアウトプット）を組み立てるということです。ただ、それだけでは、実務を踏まえた研修設計ができているとは言えません。

そこで重要なのが**「ワークフロー」**という発想です。近年では、HR（人材育成）業界で**「Learning in the flow of work（仕事の流れの中での学び）」**という言葉が聞かれるようになりましたが、生産性の向上には、ワークフローを踏まえた学習設計が不可欠です。

前章でも述べているように、ブレンディッド・ラーニングで組み合わされる学習シーンは**「オフライン研修」「オンライン研修」「オンライン学習」**に**「職場実践」**を加えた４つのシーンです。

例を挙げてみましょう。たとえば営業の研修を設計する際に、事前の商品知識のインプット、研修でのロールプレイング、事後のアウトプットだけでなく、ワークフロー型のコミュニケーションも盛り込みます。

具体的には、「動画を使った課題の提供」「クイズによる説明の補足」「担当者からの継続的なフォロー」「実践を通じた学びの共有や疑問点の解消ができる場」を加えることで、パフォーマンスにつながる設計を行うのです。これが、ワークフローという発想です。

また、職場実践を組み合わせることで、**必要なときに必要な学びを設計する「ジャスト・イン・タイムの学習」が可能になる**というメリットもあります。たとえば、商品に対する理解が甘く顧客に対して積極的にプレゼンできないという課題がある部員に対しては、商品知識をインプットさせるだけでなく、クイズやロールプレイングを用いて知識を深め、自分の言葉で自信を持ってプレゼンできるレベルまで鍛えるといった対応ができます。

人は空腹のときのほうがよく食べます。学びもまた、必要なときに即時に提供したほうが吸収が早いのです。職場実践と学びを絡めるもうひとつのメリットがここにあります。

このように、研修中心ではなく職場実践を中心とした学習スタイルを実装し、社内研修に生かしていけば、日々の学びが成果に直結します。そうした**学びの文化を醸成し、競争優位性を高められる**のが、ブレンディッド・ラーニングの特徴なのです。

▽柔軟な学習提供が可能になる

テクノロジーで場所と時間の制約を超えることが可能になり、学習機会の選択肢が増えたことで、これまで学習を受けることができなかった人も受けられるようになりました。

また、先ほどのジャスト・イン・タイムと逆の発想になりますが、学びにおいては、必ずしもリアルタイムの受講が必須でないこともあります。研修の内容をアーカイブ(保存)しておけば、過去の学習内容を必要なときに振り返ることもできます。

研修のために必ずしも丸一日、従業員を拘束する必要はなく、通勤や移動中などの隙間時間に動画などを使って学習してもらうこともできます。仕事が多様化して、従業員がまとまった学習時間を確保できないなか、こういった隙間時間の活用は有効です。

「組み合わせ」で効果的な学びを実現する

ブレンディッド・ラーニングとは何か

ここであらためて、ブレンディッド・ラーニングの中身について確認しておきましょう。HRテックの第一人者であるジョシュ・バーシンは、著書『ブレンディッドラーニングの戦略』（東京電機大学出版局）の中で、ブレンデッド・ラーニングという言葉を次のように定義しています。

「ブレンディッドラーニングとは、特定の顧客に対して最適のトレーニングプログラムを作り出すために、異なるトレーニングの『メディア』（技術、活動、事象の種類）を組み合わせることである」

バーシンは、「ブレンディッド」という用語を「伝統的なインストラクター主導のトレーニングが電子的な方式で補完される」と定義しています。またその具体例として、「異なる形態のeラーニングを用いる」ことを挙げています。

一方で、本書におけるブレンディッド・ラーニングは、伝統的なトレーニングをテクノロジーを活用して補完するだけに留まりません。より広い意味での学習を対象とし、「複数の学びをブレンドして、新たな学びを構築する」ことを目指しています。

さらにその結果として、適切なコストで効率的にパフォーマンスを向上させていくこと、つまり、**効果・効率・コストという3つの要素をすべて最適化しながら、学習効果を最大化する**のがブレンディッド・ラーニング導入の狙いです。

まとめると、**「複数の学びをブレンドして新たな学びを構築することで、学習効果を最大化し、パフォーマンス向上につなげるもの」**と表現できるでしょう。それが本書におけるブレンディッド・ラーニングの定義となります。

もっとも、ブレンディッド・ラーニングの定義は、必ずしも確定しているわけではありません。学習をブレンドするという発想自体が進化していることに加え、テクノロジーもまた進化しているためです。とくに企業内学習におけるブレンディッド・ラーニングの応用は、今後も発展していくと予想されます。

5つの要素をブレンドする

次に、「何をブレンドするのか」について解説します。

これまではブレンディッド・ラーニングの概要を理解していただくために、「オフライン研修」「オンライン研修」「オンライン学習」「職場実践」の4つを挙げてきました。ただし、それはあくまでもブレンディッド・ラーニングの要素のひとつ、「提供手段」のブレンドの例を学びの場に置き換えたものにすぎません。

ブレンディッド・ラーニングにおいてブレンドする学習の要素は、大きく**「メディア」「学習活動」「学習者」「セオリー」「提供手段」の5つ**に分けられます。

ひとつずつ、詳しく見ていきましょう。

▽メディア

ひとつ目の「メディア」とは、**動画、スライド、音声、写真、イラスト、本、ブログ、SNSなど、学習コンテンツの媒体**のことです。現在では、テクノロジーの進化によってさまざまなメディアが学習に活用されています。

▽学習活動

2つ目が「学習活動」です。**講義、対話、チャット、投票、アンケート、テスト、疑似体験（VR）、シミュレーションなど、学習者がどのようにして対象を学ぶのか**を示しています。こちらもメディア同様、種類はさまざまです。

▽学習者

3つ目は学習者です。学習者のブレンドにおいては、**バックグラウンドやスキルの習熟度、パーソナリティ、業種、業界、年次、能力など、異なる背景の人をどう混ぜるのか**がポイントになります。従来のような階層別という区分に留まりません。

学習者のブレンドにおいてキーワードになるのが、**「クロスOJT」**という発想です。たとえば新入社員研修において、参加者だけが目標設定と振り返りをするのではなく、先輩社員や上司も参加して縦横斜めのフィードバックをするというものです。

これにより、従来のOJTをさらに発展させられるだけでなく、指導者同士の学びにもつながり、かつ適度なピアプレッシャー（同調圧力）の醸成にもつながります。その結果、組織全体の業績改善も期待できるのです。

ブレンディッド・ラーニングの5つの要素

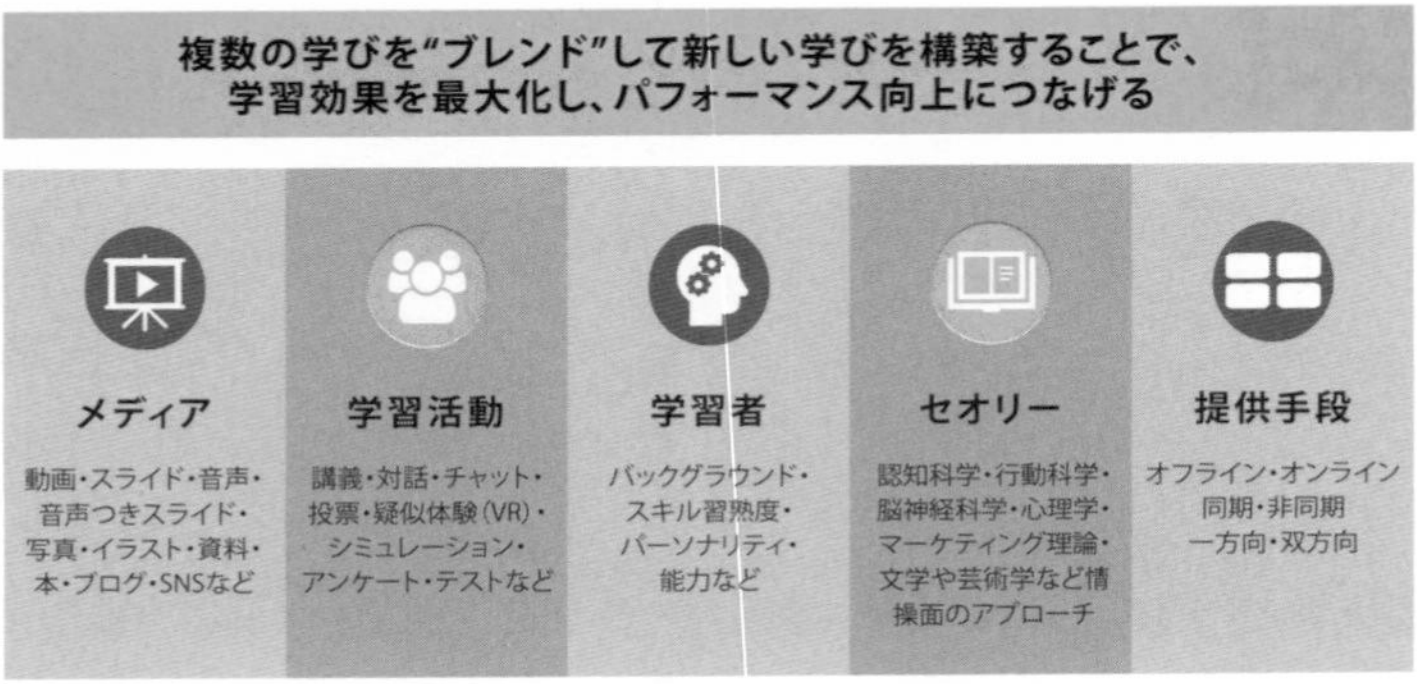

「メディア」「学習活動」「学習者」「セオリー」「提供手段」の5つの側面から、具体的な要素を選択し、目的に合わせてブレンドしていく。

▽セオリー

4つ目は「セオリー」です。ここで言うところのセオリーには、**認知科学、行動科学、脳神経科学、心理学、マーケティング理論に加え、文学や芸術など情操面からのアプローチ**も含まれています。

たとえば、ブレンディッド・ラーニングにおける学習設計では、基礎理論に加えて、「LXD(Learner Experience Design：学習者体験のデザイン)」や「トリガー」など、学習者の感情変化やモチベーションも考慮に入れています。これらについては、第6章で詳しく解説します。

▽提供手段

5つ目は「提供手段」です。前章でご

紹介した**オンライン・オフライン、同期・非同期、一方向・双方向に区分されるような、提供方法**のブレンドとなります。具体的には次のようなものがありました。

- eラーニング（非同期・双方向）
- オンデマンド（非同期・一方向）
- オンライン・クラスルーム（同期・双方向）
- ウェビナー（同期・一方向）

このようにブレンディッド・ラーニングでは、メディア、学習活動、学習者、セオリー、提供手段をブレンドすることによって新しい学びを構築し、学習効果を最大化しつつ、パフォーマンス向上につなげていきます。

ブレンディッド・ラーニングはどう発展してきたか

ブレンディッド・ラーニングの歴史

ブレンディッド・ラーニングという概念は、決して新しいものではありません。教育の歴史をさかのぼってみると、その片鱗は古くからあることがわかります。

たとえば、1840年、イギリスのアイザック・ピットマンが行った速記の通信教育が、歴史上初めての遠隔教育コースであると言われています。学生にテキストを送付し、返送された課題を添削するというシンプルなものでした。

それからおよそ100年後の1960年代に開発された「PLATO」は、ミニコンピュータやメインフレームを用い、大規模な組織などで多くの従業員に教育を提供できるよう開発されたシステムです。ここから、従来の対面授業からシステムへの移行が始まります。

１９８０年代になると、ビデオネットワークの活用により、テレビ配信での教育が実現します。学習者はテレビで視聴しつつ郵送で質問できるなど、双方向性が高まりました。またスタンフォード大学では、衛星中継によって複数拠点での一斉授業も行われています。こうした動きは、現代のウェビナーやビデオ会議の前身と言えます。

１９８０年代の初めには、世界で最も大規模で成功したブレンディッド・ラーニングのプログラムのひとつと言われているＩＢＭの「Entry Market Education」が行われ、『ブレンディッドラーニングの戦略』の著者であるジョシュ・バーシンも参加しています。これは、セールスを対象にしたものでしたが、オンライン、対面、シミュレーションをベースにした体験を豊富に組み合わせており、非常に効果的であったと言われています。

１９９０年代までの大きな変化としては、「ＣＤ-ＲＯＭ」と「ＬＭＳ（Learning Management System：学習管理システム）」が挙げられます。ＣＤ-ＲＯＭによって大量の動画や音声など、より大容量の情報提供が可能となり、双方向性もさらに高まっていきます。また、eラーニングの実施に必要なＬＭＳが導入され始めたのもこの頃です。ＣＤ-ＲＯＭとＬＭＳによって企業の教育体制は変わり始め、１９９８年は「ウェブベース教育元年」となりました。

そして、２０００年代以降にさらに新しい時代を迎えます。

近年では、最新のテクノロジーツールやアプリケーションによって、場所や時間を問わず、オンライン・コミュニティや双方向のeラーニングのコースに参加できるようになりました。

また、これまで主流であった対面式教育とテクノロジー利用型学習を統合した、より創造的な学習方法も生まれています。

このように、複数の学びをブレンドすることで学習効果を高めようとする取り組みは、古くから行われ、形を変えて進化してきました。

過去を振り返ってみると、研修を含む学習の歴史は、次のような課題との戦いであったことがわかります。

- 学習効果
- 運営上のコスト
- 時間や場所の制約
- 属人性（ばらつき）
- 学習者のモチベーション管理

- 学習者の主体性喚起
- 学びの応用（仕事への活用など）

残念ながら既存の学習方法は、これらの課題に挑戦してきた反面、そのすべてをクリアできているわけではありません。オフライン研修には効果・効率・コストの問題がありますし、eラーニングにはモチベーションや主体性、応用の問題があります。

ブレンドすることで学習効果が高まる

ここで根本的な問いに戻りましょう。なぜ、複数の学びの要素をブレンドすることが大事なのでしょうか。

「マルチメディア学習の認知理論」に関する研究の第一人者であるカリフォルニア大学サンタバーバラ校のリチャード・メイヤー教授は**3つの認知科学の法則に則して設計された教育のほうがより学習効果が高い**としています。

ひとつ目は「複数チャネル」です。これは、私たち人間が「視覚・画像」による情報処理と「聴覚・言語」による情報処理という、2つの異なった情報処理システムを持ってい

ブレンドが必要な3つのわけ

1 複数チャネル
「視覚・画像」と「聴覚・言語」の2つのチャネルで効果が高まる

2 処理能力の限界
ひとつのチャネルでは処理しきれないため、容量を減らすことが必要

3 能動的な学習
学習者が積極的に認知処理を行うことで学習効果を高める

人間の2つの情報処理システムを意識して複数チャネルを用意すると、それによって処理能力の限界に対応し、能動的な学びを促すことができる。

るというものです。そのため、学び方もひとつではなく複数のチャネルを用意したほうがよいのです。

2つ目は「処理能力の限界」です。ひとつのチャネルの処理能力は限られているため、処理能力以上の負荷を与えないようにする必要があるのです。

3つ目は「能動的な学習」です。複数のチャネルを通して与えられた情報を学習者が選択・整理し、既存の知識と統合することで積極的な学びにつながります。

その他にも、ブレンドすることの効果は多岐にわたります。

- 対話などアウトプットや双方向性のあるやり取りによる学習効果の向上（記

憶の定着）

- 文書・動画・音声などコンテンツの選択肢を増やすことで時間や場所を問わずに学習できる（学習機会の創出）
- 教育リソースの効率化
- 多様な働き方への対応

これらの効果は、認知科学や行動科学、心理学などをベースにしているため、科学的な裏づけがあります。そのため、ブレンディッド・ラーニングでは、感覚的・属人的な研修設計や運営に頼ることなく、学習効果を高められるのです。

ブレンディッド・ラーニングの例

最もオーソドックスなブレンディッド・ラーニングの例として、前章でも触れた「事前」「当日」「事後」の組み合わせを挙げてみましょう。

企業内学習においては、「知っている」ことを「できる」ようにすることが重要です。そのためには、「学んだことをできるだけ早く復習したほうが、より効率的に覚えられる」

事前・当日・事後のブレンド

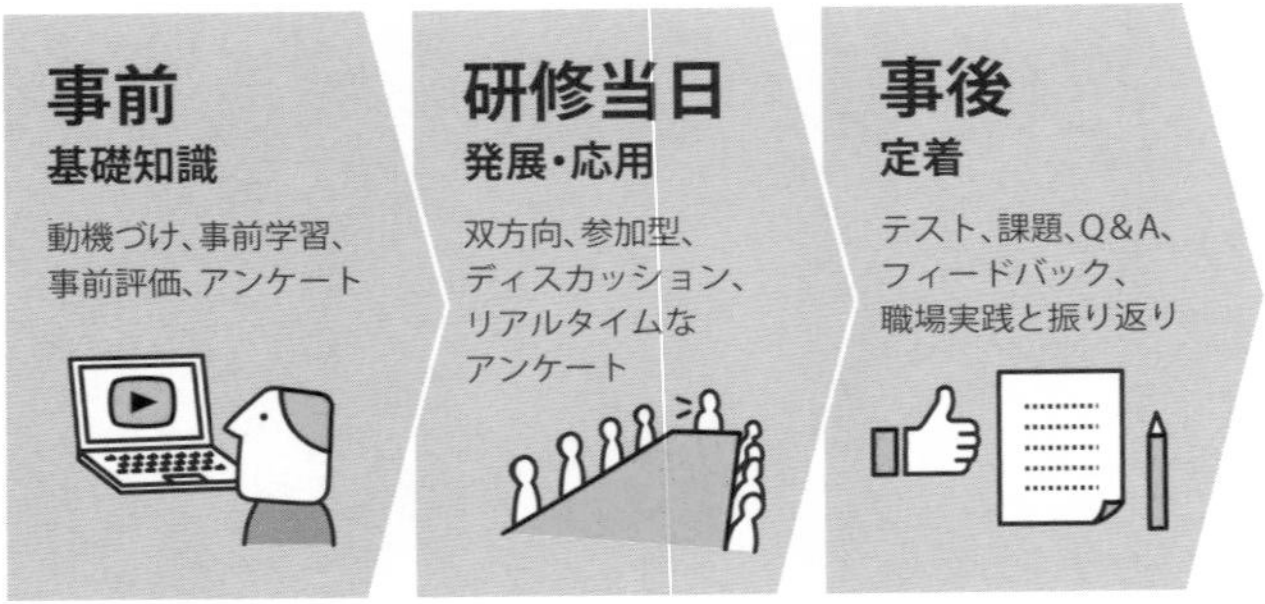

研修当日の前後にも学習機会を設けることで、「基礎知識の習得」「知識の発展・応用」「知識の定着」という流れでより効果的な研修設計ができる。

という、「エビングハウスの忘却曲線」を踏まえた記憶の定着、フィードバック(双方向性)、さらには実体験（アウトプット）が欠かせません。

たとえば、これまで行っていたオフライン研修に、事前の知識学習と事後のテストや課題、フィードバックを盛り込みます。これだけでも、「基礎知識の習得」「知識の発展・応用」「知識の定着」という3段階の学習をブレンドでき、学習効果を高められます。

テクノロジーはこれまでの課題を解決する力がありますが、そのためには確かな理論とその応用が不可欠です。その点、ブレンディッド・ラーニングは、歴史を経て培われた現段階の最適解と言えます。

なぜ今、ブレンド型の学習が必要とされているのか

ブレンディッド・ラーニングが求められる2つの背景

ブレンディッド・ラーニングの利点、定義、歴史を踏まえたうえで、なぜ今、このタイミングでブレンディッド・ラーニングが必要なのかについて、簡単に補足しておきましょう。ポイントは2つあります。

▽外部環境の変化とスピード

ひとつ目は、第1章でも触れているような外部環境の変化とスピードが挙げられます。外部環境の変化には、コロナ禍によるテレワークの推進や対面機会の減少などに加えて、デバイスの普及や進化、技術革新によるコンテンツの充実なども含まれます。

その背景には、競争の激化や働き方の多様化などがあるのはすでにお話しした通りですが、さらに重要なのが「スピード」です。営業、マネジメント、コミュニケーション、そして企業研修においても、時代の流れを読んだスピード対応が求められています。

しかも、ただ速いだけでは不十分です。**スピードを速めながら成果につなげていくこと、つまり生産性の向上を実現しなければなりません。**その点、「ワークフロー」という概念も含むブレンディッド・ラーニングは、効果にもつながるのが強みです。

ワークフローとは、仕事の流れを意味します。仕事の流れを無視してテクノロジーを活用しても、ただ便利になるだけで、生産性向上にはつながりません。コミュニケーションツールに関しても、対面が電話に、電話がメールやチャットに変わるだけでは不十分です。

たとえば、ウェブ会議ツールを活用して朝礼を実施したとしましょう。その結果、集合するための物理的なコストは削減できますが、「トップが話をして、部下がそれを聞く」というスタンスに変化がなければ、生産性には直結しないのです。

一方で、トップが配信した朝礼動画の内容に対し、ウェブ上にディスカッションする場を設け、実践行動や事例などの課題提出を促したらどうなるでしょうか。さらにその内容をフィードバックして共有すれば、仕事の中での学びが定着・実践へとつながります。

このように、**ツールをただ使うのではなく、ワークフローを踏まえてツールの使い方を**

最適化することも、ブレンディッド・ラーニングの発想です。ツールが多様化している現代だからこそ、それらを効果的に使う仕組みづくりが大切なのです。

▽エンゲージメントの向上

2つ目は、「エンゲージメントの向上」が求められていることがあります。外部環境が大きく変化している中で、各企業で生産性向上が急務になっているだけでなく、エンゲージメントの向上も課題となっています。

エンゲージメントとは、いわゆる「愛社精神」のようなものだけでなく、**従業員と企業との信頼関係や仕事への熱中度**も含みます。さらに、仕事における幸福感ややりがい、ワクワク感など幅広い意味を含む概念です。

エンゲージメントが高いか低いかは、組織のパフォーマンスに直結します。組織に対する貢献意欲が高いか低いかによって、仕事に対する向き合い方が変わり、日々の行動もまた変わってくるためです。

アメリカのギャラップ社が2017年に発表したデータによると、**日本は「熱意あふれる社員（Engaged）」の割合が、全体のわずか6％しかない**そうです。これは、調査対象の139か国中132位という、かなり厳しい結果です。アメリカの32％、世界平均の15％

と比較しても、圧倒的に低いのがわかります。
調査で用いられた12の質問（Q12：キューートゥエルブ）には、次のような項目が並んでいます。

Q1 職場で自分に何が期待されているのかをわかっている
Q2 仕事をうまく行うために必要な材料や道具がそろっている
Q3 職場で、毎日、自分が最も得意なことをする機会がある
Q4 直近7日間のうちに、よい仕事をしていると評価されたり、褒められたりした
Q5 上司または職場の誰かが、私をひとりの人間として気にかけてくれているようだ
Q6 職場に私の成長を促してくれる人がいる
Q7 職場で私の意見は尊重されているようだ
Q8 会社の使命や目的が、自分の仕事に対する意義を感じさせてくれる
Q9 職場の同僚が質の高い仕事をしようとしている
Q10 職場に親友がいる
Q11 ここ半年のうちに、職場の誰かが私の進歩について話してくれた
Q12 ここ1年のうちに、職場で学び、成長する機会があった

このような項目に「NO」が並んでしまう日本企業の現状は、職場環境だけでなく、従来の研修や学習機会がエンゲージメントに寄与してこなかったことを示唆しています。そのため、これからはエンゲージメント向上につながる学習機会の提供が求められます。

「意味ある対話」を生む学び

「外部環境の変化とスピード」「エンゲージメントの向上」が求められる今のタイミングだからこそ、ブレンディッド・ラーニングの理論が活用できます。

これまでにも述べてきたように、ブレンディッド・ラーニングは、研修の中身を変えるだけでなく、社内コミュニケーションの質にも影響を与えます。具体的には、**「意味のある対話」**を促すのです。

従来の研修では、研修を受ける側と研修を提供する側とのコミュニケーションしかありませんでした。そのため、現場に戻っても実際の業務に生かされず、研修が単発的（線ではなく点）になっていたのです。

その点、研修内容が現場に生かされるブレンディッド・ラーニングは、上司や同僚のフィードバックやコメントによって、全社的なコミュニケーションをもたらします。そこに、みなが相互にチェックするピアプレッシャーの効果も加わり、「雑談」が「対話」へと変わるのです。

ただの雑談ではなく、「意味のある対話」が誘発されるようになると、**イノベーティブな発想やアイデア**が生まれやすくなり、**仕事に対するやりがい**も広く・深くなります。またマネジメントに関しても、根性論やダメ出しから、**建設的な議論・提案**へと移行しやすくなるのです。

このように、現代の日本企業が抱えている生産性やエンゲージメントの課題解決にも、ブレンディッド・ラーニングは寄与します。効果や効率、コストの問題だけでなく、企業を変革する力がブレンディッド・ラーニングにはあるのです。

次章からは、そんなブレンディッド・ラーニング成功のカギとなる「効果測定」と学習理論「ＴＰＡＣＫ（ティーパック）」について詳しく見ていきましょう。

column

ブレンディッド・ラーニング・ファシリテーター養成講座について

ブレンディッド・ラーニングの理論を企業研修に応用するために、私たちユームテクノロジージャパンは日本フューチャーラーナーズ協会と協力しながら「ブレンディッド・ラーニング・ファシリテーター養成講座」を提供しています。私も理事としてコース提供に関わっていますが、対象となるのは、さまざまな企業の研修担当者やトレーナー、コンサルタントなどです。また、ブレンディッド・ラーニングを知識として学び、考え、かつ実際にそれを応用した学習設計をしてみることで、各企業の研修設計でブレンディッド・ラーニングを応用できるようになることがゴールです。

コースは、次ページの表のような流れで組み立てられています。

講座自体をブレンディッド・ラーニングの考え方で設計し、「事前学習」「集合研修」「自己学習」「オンライン研修」「課題提出」などをブレンドし、知識の定着と実践につなげています。

ブレンディッド・ラーニング・ファシリテーター養成講座

目的
1. これからの時代の新しい学び方のひとつであるブレンディッド・ラーニングについて考える
2. 学習設計に関するさまざまな考え方を学び、実際にブレンディッド・ラーニングのコースを作成する

	概　要	成果物
事前学習	・受講にあたって　・新時代の学び方 ・ブレンディッド・ラーニングとは ・UMUのプラットフォームの使い方	
集合研修① (9:30-17:30)	・基本理論学習　・マイクロラーニング ・コース作成ワークショップ ・LXデザイン	【グループワーク】ブレンディッド・ラーニングのコースデザイン(保険会社のケース)（集合研修①〜集合研修②） 【個人ワーク】自分がデリバリーするリアルな研修のコースデザイン（集合研修①〜課題提出）
自己学習①	・ビデオ撮影テクニック ・新時代の研修効果測定	
オンライン① (19:00-20:00)	・自己学習の振り返りと共有 ・ケーススタディ	
自己学習②	・学習効果を高める仕組み ・習慣化のアプローチ	
オンライン② (19:00-20:00)	・自己学習の振り返りと共有 ・ケーススタディ	
自己学習③	・学習継続のアイデア ・トリガーという考え方	
オンライン③ (19:00-20:00)	・自己学習の振り返りと共有 ・個人コース作成のご案内	
自己学習④	・企業事例から学ぶ ・個人リアルコースの設計準備	
集合研修② (9:30-17:30)	・アダプティブ・ラーニング　・著作権法の考え方 ・ケーススタディまとめ ・個人コースデザインのブラッシュアップ	
課題提出	・コース設計書の提出 ・講師フィードバック	

ブレンディッド・ラーニングについて知り、考えたうえで、ブレンディッド・ラーニングの研修設計ができるようになることを目指す。

養成講座の学習項目

ブレンディッド・ラーニングの基本	・VUCA時代の学び方 ・人材開発担当者の役割の変化 ・なぜブレンディッド・ラーニングか ・ブレンディッド・ラーニングのモデル ・学習スタイルの多様性
学習設計	・インストラクショナル・デザインの基本と概念 →成人学習学 →インストラクショナル・デザイン →アジャイル開発 ・マイクロラーニング ・学習者中心のコースデザイン（LXデザイン） ・研修効果測定 ・効果を最大化する学習設計 ・学習を継続させるためのアイデア ・学習環境の設計とラーニング・パターン ・学習におけるテクノロジーの活用（AI） ・アダプティブ・ラーニング ・著作権法の考え方
ファシリテーションスキル	・ILT（Instructor Led Training：講師による集合研修）におけるデジタル活用 ・ウェビナーにおけるファシリテーション
実践	・ケーススタディ（保険会社のケース） ・参加者同士の事例共有 ・世の中の優良事例からの学習 ・個人単位でのブレンド型コースの作成

基礎知識から学習設計、運営・管理のスキルまで学び、実際の研修設計をグループと個人の両方で行う。

また、グループワークとして架空の状況設定でのコースデザイン演習を、個人ワークとして自分がデリバリーするリアルな研修のコースデザイン演習を設け、グループと個人の両方でコースデザインを実践します。

学習項目の詳細は前ページの表の通りです。大きく「ブレンディッド・ラーニングの基本」「学習設計」「ファシリテーションスキル」「実践」に分かれ、それぞれ細かく学んでいきますが、中心となるのは学習設計です。本書の第1章と第2章で解説した事項のほか、学習設計理論に沿ったデザインや学習者体験のデザイン（LXD：Learner Experience Design）、マイクロラーニングコンテンツの作成、効果測定、学習効果を高める施策やトリガーにも触れています。これらの事項については、第3章以降で詳しく解説しています。

より実践的な学びに興味がある方は、ぜひ受講してみてください。

第2章のディスカッションページ

こちらのQRコードから、UMU上に設定された本書のディスカッションページへお入りください。第2章に関する読者のみなさまの気づきや学びをアウトプットし、学びをブレンドしていただけます。より深い学びのために、ぜひご活用ください。

第3章

ブレンディッド・ラーニングで学びを成果に結びつける

成果につながる研修に欠かせない「効果測定」

研修を正しく評価する「効果測定」

第3章では、研修の具体的な設計方法に入る前に、ブレンディッド・ラーニングの成功のカギを握るポイントについて詳しく見ていきます。

その前提として、まずは、企業内研修における「成功」をどのように定義するのかを掘り下げていきましょう。

第2章のコラムで紹介したブレンディッド・ラーニング・ファシリテーター養成講座では、学びにおける**「効果測定」**を非常に重視しています。なぜなら、ブレンディッド・ラーニングが目指すのは、研修の実施回数や受講者の満足度を上げることではなく、その先にある**「パフォーマンスの向上」**だからです。

企業は研修を通じて、大切な従業員に投資をしています。**その投資が社員の成長を促し、組織のパフォーマンスを向上させ、さらには企業の競争優位を実現しているかどうかを確認しなければ、社内の学びを正しく評価することはできません。**

言い方を変えると、従来の研修が知識やノウハウを提供する「インフォメーション型」であったのに対し、これからの学習は「パフォーマンス型」へと変わります。そこには、生産性やエンゲージメントを高めなければならないという、明確な課題があるのです。

そのために効果測定が重要視されているのですが、『研修効果測定の基本～エバリュエーションの詳細マニュアル～』（ヒューマンバリュー）によると、その他にも、効果測定を実施することで次のようなメリットがあると考えられています。

1. プログラム価値の証明（Prove）：アンケートの満足度から研修を評価
2. プログラム価値の向上（Improving）：コンテンツや講師に対する評価をもとに改善
3. トレーニングとビジネスニーズの接続（Linking）：学習と職場実践の橋渡し
4. 学習の強化（Learning）：研修後の効果測定の問いにより学習内容を整理し実践を後押し

研修そのものの評価・改善だけでなく、職場実践の促進や学習強化もできるのです。

学びの効果を評価する「4段階評価モデル」

では、実際にどのようにして研修の効果測定を行えばいいのでしょうか。

教育の評価法で古くから知られているのが、アメリカの経営学者ドナルド・カークパトリックが1959年に提唱した**「4段階評価モデル」**です。その名の通り、レベル1からレベル4までの4段階で構成されています。

- レベル1：反応（Reaction）　研修に対する学習者の満足度
  ↓【測定方法】研修アンケート、アクションプランなどの課題提出
- レベル2：学び（理解度）（Learning）　学習者の学習到達度
  ↓【測定方法】筆記試験、レポート提出、討議などのアウトプット
- レベル3：行動（Behavior）　学習者の行動変容
  ↓【測定方法】チェックリスト、インタビュー、事後アンケート
- レベル4：成果（Results）　学習者や職場における成果
  ↓【測定方法】量的・質的データの活用など

カークパトリックの4段階評価モデル

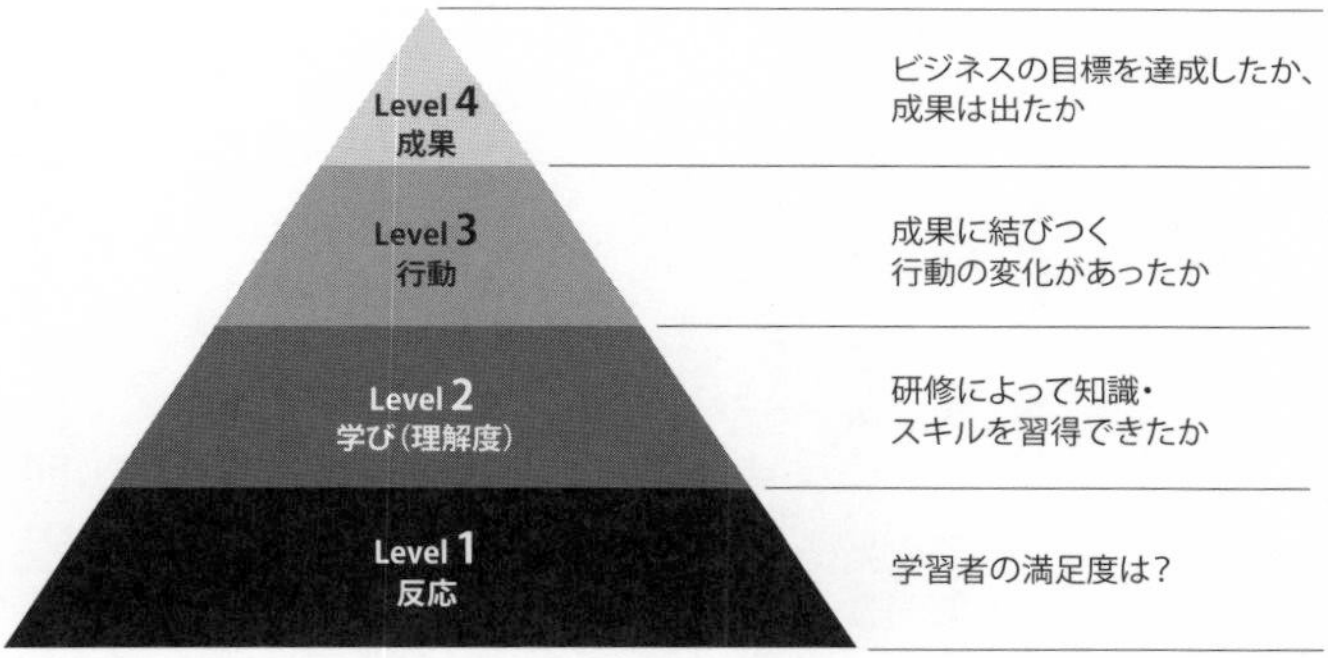
Level 4
成果
ビジネスの目標を達成したか、成果は出たか
Level 3
行動
成果に結びつく行動の変化があったか
Level 2
学び（理解度）
研修によって知識・スキルを習得できたか
Level 1
反応
学習者の満足度は？

出典：Kirkpatrick, D. L. "Techniques for evaluating training programs"（1979）をもとに作成

レベル1（反応）からレベル4（成果）がピラミッド状になり、高いレベルの評価を行うためには、より深い分析が必要になる。

このうちレベル1と2は、研修後にアンケートを取って学習者の満足度を評価する、どんな知識やスキルを習得したかを評価するなど、これまでにも行われてきました。従来のeラーニングシステムにも、この2つの評価を支援する機能が備わっています。それぞれの指標を効率的に収集することによって、その結果を次回の研修内容や改善に役立てることができます。

一方、レベル3や4は、研修の継続判断やプログラムの評価を行うのに必要なものですが、分析、設計、開発、実施をくり返す「インストラクショナル・デザイン」の知識が求められるため、ハードルは高いです。

より影響の大きい段階まで評価する「6段階評価モデル」

カークパトリックの「4段階評価モデル」は、のちに改良が加えられました。その後、カークパトリックやアメリカの経済学者ジャック・フィリップスなどさまざまな研究者が効果測定について議論してきましたが、まとめると6段階に整理できると言われています。この**「6段階評価モデル」**は、レベルが1から6まであり、上位に向かうほどビジネスに与える影響が大きくなります。とくに注目すべきなのはレベル3以降です。

- レベル3：行動（Behaviors）　学ぶことで行動がどう変わったか
- レベル4：ビジネス成果（Business Results）　学習によりビジネスの目標を達成できたか
- レベル5：ROI（Return On Investment）　組織や個人の投資対効果に貢献できたか
- レベル6：貢献（Wider Contribution）　中長期での潜在的可能性をどれだけ増やせたか

これらはいずれも学習が企業経営の改善につながるか否かを評価するものです。**学習が戦略実行やエンゲージメントの向上、イノベーション創出のためのツールになってきてい**

効果測定における視点の変化

	個人視点		チーム・組織視点
Level 6 貢献	長期につながる才能の伸長	→	イノベーションへの貢献
Level 5 ROI	組織・個人の投資対効果（売上）	→	利益効果への貢献度
Level 4 ビジネス成果	ビジネス成果への貢献	→	ビジネスを進化させたか
Level 3 行動	職場での行動変容	→	他者へ学びを還元
Level 2 学び	知識・スキルの習得度	→	自律的かつ効率的に習得（質・量・時間）
Level 1 反応	学習者の態度・反応	→	周囲に紹介したい・伝えたい

出典：ブレンディッド・ラーニング・ファシリテーター養成講座資料より抜粋（©IP Innovations inc.）

効果測定の視点は、これまでの「現在」「個人」の視点から、より「未来」「チーム・組織」の視点へと変化している。

るため、レベル3以上を実現しなければ競争には勝てません。

さらに、この6段階評価モデルを「個人視点」と「チーム・組織視点」に分けて考えてみましょう。

これからの研修の効果測定には、**「個人」「現在」だけでなく、「チーム・組織」と「未来」を見据えた中長期的な可能性をどれだけ伸ばせたか**という視点が欠かせません。

そのため研修設計者は、個人の学習効果だけでなく、それが**チーム・組織の未来にどのようなポジティブな影響をもたらすか**まで考えて、学習設計をしていくことが大切です。

有効な効果測定をするための準備と手段

効果測定を踏まえた研修設計

ここからは、どのように効果測定をするかについてお話ししていきますが、現状、多くの研修現場では、正しく効果測定ができるような研修設計がされていません。そのため、まずは**効果測定がしやすい研修設計をする**ところから始めるのが現実的です。

たとえば営業研修を例に、評価モデルのレベル2にあたる知識・スキルの習熟度や、レベル3にあたる受講後のマインドや行動の変化が、どのようにしてレベル4の成果、ビジネスインパクト（目標）につながるのかを確認してみましょう。

まず、ビジネスインパクトを達成するまでの流れを時系列で考えます。具体的には、次の通りです。

ビジネスインパクトから逆算した研修設計（営業研修の場合）

マインド醸成や行動変容につながる学習デザイン	KPI向上につながるマインド・行動の明確化	目標達成につながるKPIの設定	ビジネスインパクト（目標）の達成
商談におけるヒアリング力の強化（例：SPIN話法）	顧客の要望通りに提案するのではなく、潜在ニーズを深掘りし、大型企画を提案できるようになる	新規での大型案件の提案件数が増加する	受注件数増加による売上増を実現

研修はビジネスインパクトから逆算して設計。KPI改善につながるマインド・行動の定義がカギ

目標とKPI（重要業績評価指標）を設定し、それにつながるマインドや行動の変化を明確にしたうえで、どんなスキルや知識を研修で学ぶかを決定する。

1. 研修で必要な知識・スキルを習得する
2. ＫＰＩ（重要業績評価指標）につながるマインド醸成・行動変容
3. 目標達成のためのＫＰＩの改善
4. 目標達成（ビジネスインパクト）

このような流れをあらかじめ描いておいたうえで、計測する指標（マインド醸成と行動変容）とビジネスインパクトを明確にします。カギとなるのは、ＫＰＩの改善につながるマインドと行動（レベル3）の定義です。

次に、効果測定を行うことを念頭に置きながら、目標から逆算して研修のコース設計をします。

具体的には次のような手順で行います。

1. ビジネスインパクト（目標）を定義する
2. 目標達成に向けての戦略を立て、KPI（重要業績評価指標）を設定する
3. KPI向上につながるマインド・行動を明確にする
4. 狙ったマインド醸成や行動変容につながる学習をデザインする

このような研修設計をすることではじめて、有効な効果測定が可能になります。

成果についてインタビューするサクセスケース・メソッド

次に、効果測定の方法について見ていきましょう。ここまでカークパトリックの「4段階評価モデル」やこれまでのさまざまな研究者たちの効果測定を整理した「6段階評価モデル」を紹介しました。これらの指標は効果測定に役立つものですが、すべて正確に計測し、かつ学習との相関性を見出すのは難しいのが実情です。

そこで利用したいのが、ブリンカーホフが開発した**「サクセスケース・メソッド（Brinkerhoff's**

Success Case Method)」です。

サクセスケース・メソッドでは、学習者の中で最も成果を上げた人と最も成果を上げられなかった人を特定し、成果についてのインタビューを行います。その過程でまとめられたサクセスケースをもとに、研修の効果を測定し、改善につなげていきます。**数字で分析する「定量的」データだけでなく、数字ではあらわせない「定性的」データ（ストーリー）にも着目することで、効果測定に幅を持たせている**のです。

インタビューを通して成功事例を分析することで効果測定をするわけですが、**実際にうまくいった事例を集めることで再現性を高めることができ、それらの事例がそのまま組織のナレッジとして共有される、つまり「点が線になる」というメリット**もあります。

学習者への調査で効果測定をする

もうひとつ、実行しやすいものとして、アンケートを用いて学習者の反応や行動を見る方法もあります。レベル4までに効果測定のためのアンケートやインタビューなどの調査が活用でき、とくに、レベル1とレベル3の測定に調査が役に立ちます。

レベル1の調査は、研修直後に職場で実施・活用する視点から整理します。具体的には、

レベルごとの効果測定方法

段階	定義	測定方法
Level 1 反応	研修に参加した人の反応 →受講者が研修を気に入ったかどうかで効果を評価	アンケート調査
Level 2 学び	学習した内容を評価 →受講者が何を学んだのかという視点で評価	アクションプランの精度、知識習得度を測る試験など
Level 3 行動	行動にあらわれたかを評価 →受講者が研修で学んだ知識やスキルを仕事に反映できたか、行動が変化したかを評価	アンケートまたはインタビューで調査 （自己評価・他者評価）
Level 4 ビジネス成果	事前に設定した戦略実行を測定するKPI（重要業績評価指標）を評価 →研修の前後でのKPIの改善・変化を評価	KPIの達成度 （数字で測れない定性的なものは上司などにインタビュー）

それぞれへの影響を意識してアンケートを設計

出典：カークパトリックの理論をもとに著者が作成

アンケートを設計する際も、各レベルへの影響を踏まえて作成するとよい。

「目標に対する進展」「職場活用イメージ・具体的な計画の策定」「職場で実践する際の障害・改善点の把握」などレベル3に結びつける視点で設問を作成します。研修直後のこの段階で有効なアンケートを行うことで、目標設定とアウトプットができるのです。研修の冒頭に受講者に設問を見せておき、意識させるのがポイントです。

レベル3では、研修の3〜6か月後に「行動計画の達成度」「成功・失敗のエピソード」「研修内容を踏まえて得られた成果」といった視点で、マインドや行動の変化と研修の因果関係を探ります。

レベル・視点ごとに設問の具体例を見ていきましょう。

▽レベル1：目標に対する進展

「研修前と研修後で、テーマに対して捉え方がどのように変化しましたか？」

「このプログラムの成果として、○○というテーマについて能力がどれだけ向上したのかをパーセンテージ（%）でお答えください」

「その数値（%）の根拠として、どのようなことができるようになったのかを具体的にお書きください」

▽レベル1：職場活用イメージ・具体的な計画の策定

「あなたは、このプログラムの成果として学んだスキルを実践できますか？」

（「実践できる」⇔「実践できない」）

「本日学んだことがどの場面で使えそうか、思いつく限りたくさん挙げてください」

「本日学んだことを、いつ、どこで、誰に使っていきますか？」

▽レベル1：職場で実践する際の障害・改善点の把握

「学んだことを職場で実践して成果を出すにあたり障害はありますか？」

「職場で成果を出すために、上司・先輩または会社にお願いしたいことはありますか？」

「職場で実践するにあたって、これまでのやり方から何を具体的に変化させるかをお書きください」

次のレベル3の調査では、レベル1で記入した内容を振り返りながら回答するのがポイントです。

▽レベル3：行動計画の達成度

「研修後に立てた行動計画は何パーセント達成することができましたか？」

「その数値（%）の内訳についてお書きください」

「この研修のテーマである○○について、具体的にどのようなことが研修前と比較してできるようになりましたか？」

▽レベル3：成功・失敗のエピソード

「職場での実践を通じてどのような新しい成果を上げることができるようになりましたか？成功の秘訣を含め、具体的なエピソードをお書きください」

「行動計画として掲げていたもので、実践できなかったものはありますか？　なぜ実践することができなかったのですか？」

「行動計画として掲げていたもので、実践したものの成果に結びつかなかったものはありますか？　具体的なエピソードをお書きください」

▽レベル3：研修内容を踏まえて得られた成果

「研修で学んだことで、今もなお印象に残っていることはありますか？」

「研修で学んだことで職場実践に役に立ったものはありましたか？　具体的には何がありましたか？」

「研修で学んだことにより、改善または回避できたリスクとしてはどのようなものがありましたか？」


このように、研修の効果測定には量的なものから質的なものまでさまざまな方法があります。また、研修を導入する企業によって測定する指標も異なるでしょう。いずれにしても、研修に何を期待するのか、どんな指標を測定するのかを含めて、総合的に学習設計をしていかなければならない点は変わりません。

最終的に「レガシー」につながる学びを

数字で見える成果と数字にはあらわれない成果

学習の成果を掘り下げた先にあるのは、学習がその企業にとっての**「レガシー」**になるかどうかという視点です。レガシーとは「遺産」のことですが、**学習の効果測定を短期ではなく中長期的な視点で捉え、遺産になるかを考える**というところがポイントです。

このときに重要なのは、企業内研修をトップダウンで見るのか、それともボトムアップで見るのかという点です。どの立場から成果を判断するのかによって、学習によって得られた効果の捉え方は異なってくるからです。

たとえばトップダウン型で学習の効果を見るなら、個別の指標をKPIとして「売上」や「離職率」などを設定してもいいでしょう。もちろん学習活動との相関については精査しなければなりませんが、設定した数値を追求していけば、変化の原因が見えてきます。

よくあるのが、生産性の向上に寄与する指標として「タイムマネジメント」に力を入れていた企業が、研修を通じて効果測定をしてみると、コミュニケーションで使われる「共通言語」にズレが生じていたことがわかったといったケースです。

こうした気づきは、トップダウン型の効果測定によって得られやすくなります。**特定の指標を徹底的に追いかけ、研修を通じてどのような変化があるのかを見ていくと、解決すべき課題が浮き彫りになる**ということです。

一方でボトムアップ型の効果測定は、何らかの指標をターゲットにするのではなく、研修後に生じたポジティブな変化に焦点をあてます。それらは、**必ずしも事前に定義された結果ではなく、行動、アイデア、コミュニケーションなどすべての変化が対象となります。**

そのような変化を積み上げていくことで、研修によって社内がどう変わっていったのかを評価すること。それは、特定の指標をKPIとして設定するのとは真逆の、質的な変化にフォーカスした効果測定と言えます。

パフォーマンスや成果と言ったとき、たいていの人は数字やデータを見ようとします。たしかにそれも大事ですが、数字ばかり見てしまうと、学習によって生じる質的な変化に気づきにくくなってしまいます。学習によって生じたマインド醸成や行動変容の先には、イノベーティブな発想やアイデア、チャレンジングな新規事業や取り組みがあります。

つまり、ここで言う「レガシー」とは、そのような質的変化も含んだポジティブな変化の総体です。**量的変化と質的変化、その両方が学習によって高まっている組織こそ、本当の意味で研修が機能していると言えます。これこそが、「学びが遺産になっている状態」です。**

一時的価値から中長期的価値へ

トップダウンで設定するＫＰＩと、ボトムアップで生み出されるマインド醸成と行動変容の両面から、**「一時的な価値（達成したか、よい結果を残せたか）」だけでなく、「中長期的な価値（のちの人の利益につながるか）」を生み出せるか**がポイントです。

先に述べたように、これからは「現在」や「個人」の改善だけでなく、「未来」「チーム・組織」の発展へとつなげていくことが求められます。その視点で学習を設計できれば、組織は大きく変わります。これを研修を提供する現場の視点で考えると、**「学習者の人生を変える研修」「記憶に残る学び」**などと言い換えてもいいかもしれません。

ただ残念ながら、研修によって生み出されたレガシーを測定するためには、時間がかかるだけでなく、さらなる理論の発展を待たなければなりません。

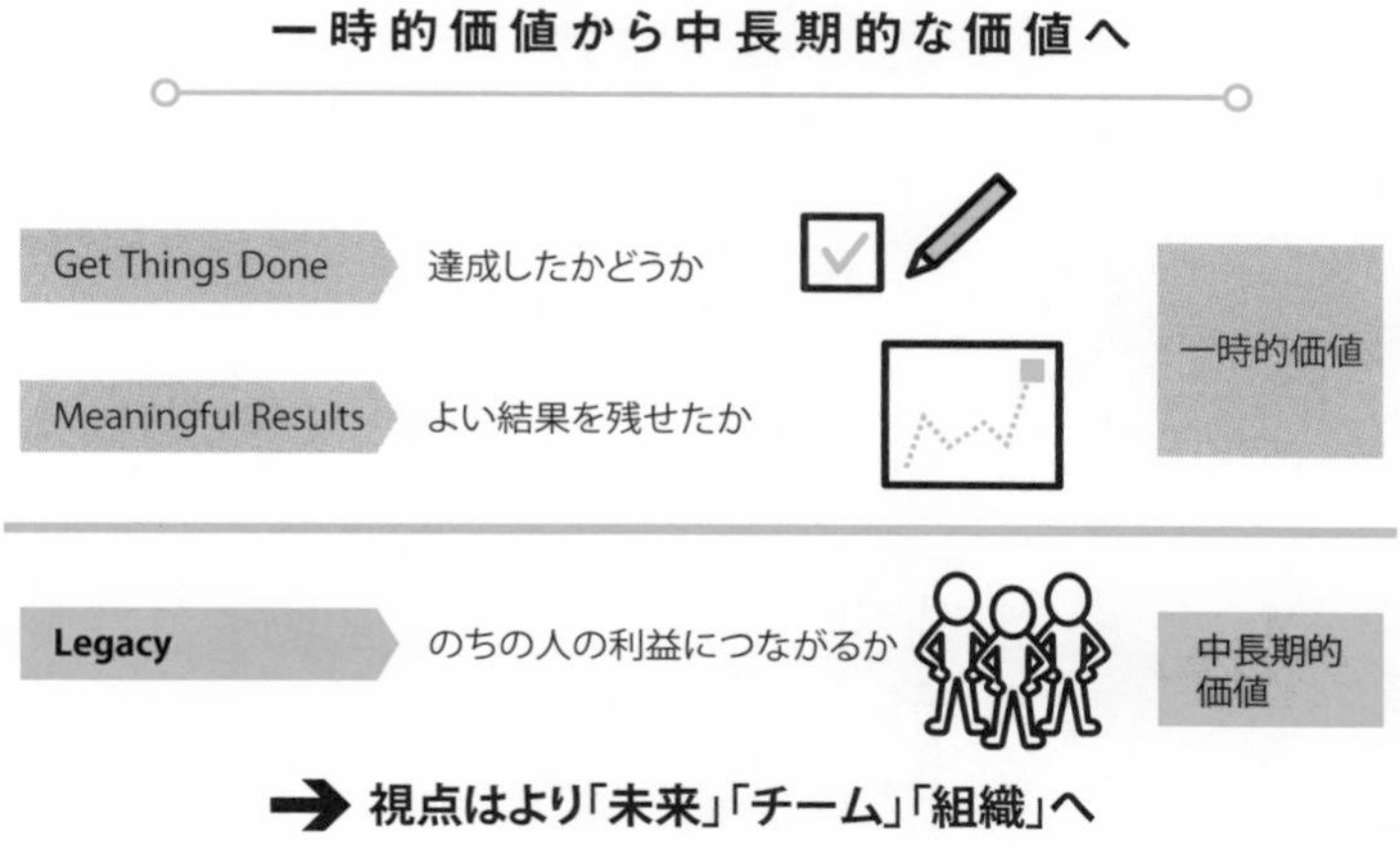

目標を達成し成果を出すだけでなく、さらに長い視点をもって、会社の未来にどんな遺産（レガシー）を残すかという視点を持つと、研修が組織の真の成長につながる。

ここで重要なのはレガシーの測定そのものでなく、**中長期的な視点をもって研修を捉える**ということです。

企業研修の動向も、かつての「履修主義」から「習得主義」へ移行し、これから必須となるのは「影響主義」です。つまり、ただ履修するだけでも習得するだけでもなく、所属する組織に影響を与えるところまでを目指すべきです。

次章以降で解説しているテクノロジーやコンテンツ、教育学の応用は、まさに一時的な価値と中長期的な価値の両方を生み出すための施策にもなっているため、これらの理論を踏まえておくことは必須です。

成果につながる研修設計の土台となる「TPACK」

テクノロジー、コンテンツ、教育学のブレンド

第2章の最後に、ブレンディッド・ラーニングにおいてパフォーマンス向上の軸となる、ラーニング理論について触れておきましょう。

ここで紹介するのは**「TPACK（ティーパック）」**という概念です。これが、効果を高める学習設計の要です。TPACKとは、**「テクノロジー」「コンテンツ」「教育学」**の3つを組み合わせた学習理論のことです。これら3つの要素が、ブレンディッド・ラーニングにおける研修設計の土台となります。

テクノロジーは技術に関する知識（TK：Technological Knowledge）のこと、コンテンツとは学習内容に関する知識（CK：Content Knowledge）のこと、教育学とは教育に関する知識（PK：

Pedagogical Knowledge）のことです。これら3つを組み合わせて研修を設計し、パフォーマンスの向上に役立てていきます。

企業内学習におけるテクノロジーとは、研修の提供手段としての動画配信や会議システムなどのウェブサービスやツール、その他の目的や学習シーンに応じて使用したいシステムなどです。現在ではさまざまなツールが提供されているため、適切に選択していく必要があります。

またコンテンツとは、学習コンテンツの作成方法やマイクロラーニング（→P127）の基本、さらには撮影から動画編集まで、コンテンツを用意するための技術やテクニックまでを含みます。作成するだけでなく、既存のものをキュレーション（収集、選別、編集）するなどの発想も大事です。

さらに教育学については、学習者体験のデザイン（LXD：Learner Experience Design）や継続させるための仕組み、受講のトリガーとなる仕掛けについても検討します。

もともとTPACKは、その前身となる「教育的内容知識（PCK：Pedagogical Content Knowledge）」に由来するとされています。

1985年、全米教育学会でPCKを提唱したリー・ショーマンは、教育内容（Content）と教育方法（Pedagogy）のいずれかに重きが置かれていた教育評価の歴史を疑問視してい

3つの要素を組み合わせたTPACK

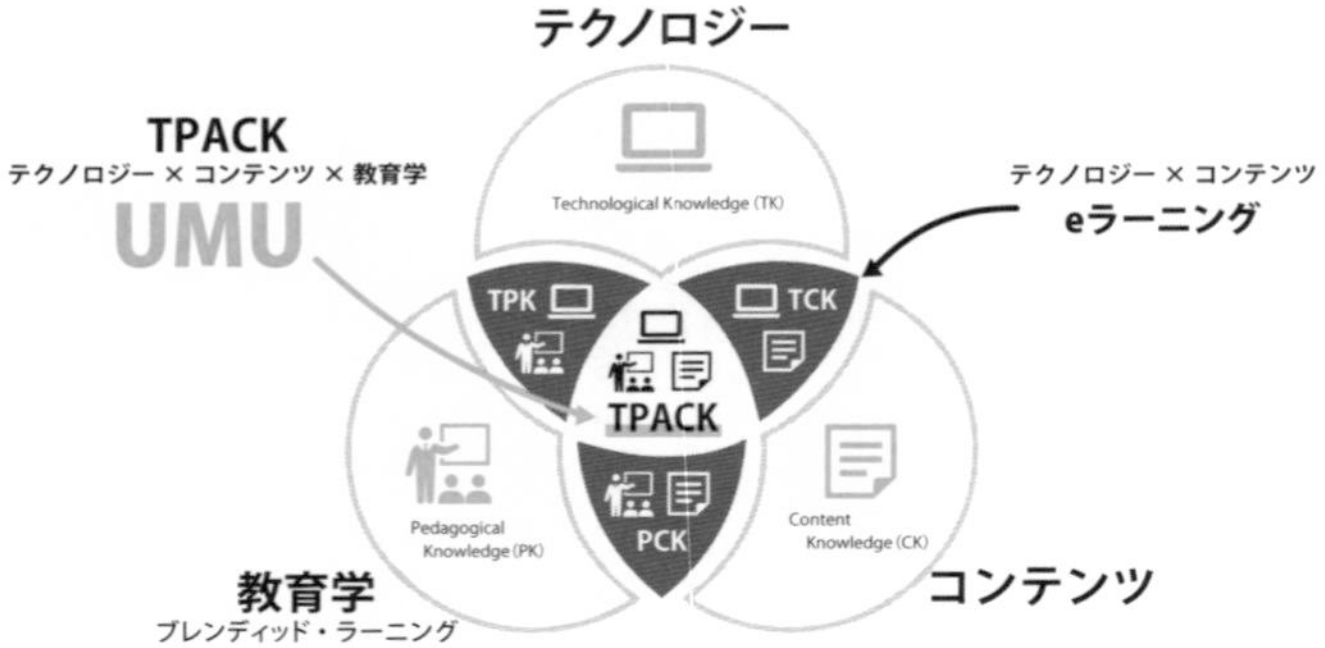

出典：http://tpack.orgの画像をもとに作成

テクノロジーとコンテンツ、さらに教育学の視点を合わせたTPACKを意識することで効果的なブレンディッド・ラーニングが実現できる。

ました。本来それらは、ともに重視されるべきものと考えていたのです。そこでショーマンはＰＣＫという概念を生み出し、広めていきました。

２０００年代に入ると、ＰＣＫにテクノロジー（Technology）の概念が追加された「ＴＰＣＫ」という概念が生まれます。２００６年には、プニア・ミシュラとマシュー・ケーラーが発表した論文によって、ＴＰＣＫという概念が普及。のちに、読みやすさに配慮したＴＰＡＣＫという言葉になりました。

教育にＩＣＴ（Information and Communication Technology：情報通信技術）などのテクノロジーを用いるべきという発想が生まれた理由は、時代背景を考えてみればわかります。主に情報の伝達やコミュニケーションの分野で発展してきたテクノロジーは、社会を大きく変えました。教育もまた、その変化に対応していかなければなりません。

こうして教育内容や教育方法にテクノロジーが組み合わさることになったのですが、TPACKは、ICTをはじめとするテクノロジーをただ追加するものではありません。これら3つの要素を目的に合わせて統合させているのが最大の特徴です。

たとえば、eラーニングはテクノロジーによってコンテンツの提供手段を拡大した「TCK（TK＋CK）」にあたります。また、教育学とコンテンツを組み合わせた「PCK（PK＋CK）」の視点を持てば学習理論をもとにより学習効果の高い方法でコンテンツを作成することが可能ですし、「TPK（TK＋PK）」の観点から学習に役立つテクノロジーを選び、活用することができます。そして、私たちUMUでは、TPACKをもとにした研修設計を可能にするプラットフォームを提供しています。

実際の研修設計にTPACKをどう生かすか

では、実際にTPACKをどう研修に取り入れればいいのでしょうか。TPACKは、学校教育の理論として発展してきたこともあり、その中身は歴史がある反面、複雑な部分も多いです。そこで本書では、企業研修に応用するという実践的な視点でポイントを絞って、3つの要素とその統合した結果としての研修デザインについて見ていきます。

具体的には、研修を通じて成果や変化を生み出すための理論（教育学）を前提に、コース設計やファシリテーションを検討し、どのようなテクノロジーやツールを活用し、どのようなコンテンツをつくっていけばいいのかについて解説しています。

パフォーマンス向上につながる研修コースやプログラムは、TPACKの3つの要素を最適化することで設計されます。どれが欠けていても理想的な研修設計はできません。

ここからは、第4章でテクノロジー（TK）、第5章でコンテンツ（CK）、第6章で教育学（PK）について解説したあと、第7章は実践編として、実際にブレンディッド・ラーニングで研修を設計する方法と事例について紹介しています。

第3章のディスカッションページ

こちらのQRコードから、UMU上に設定された本書のディスカッションページへお入りください。第3章に関する読者のみなさまの気づきや学びをアウトプットし、学びをブレンドしていただけます。より深い学びのために、ぜひご活用ください。

第4章

TK：テクノロジーをブレンドする

研修に活用できるテクノロジーツールの多様化

DX時代の企業内研修における「テクノロジー」とは

第4章では、ブレンディッド・ラーニングをビジネスの成果へとつなげる学習理論「TPACK」のうち、テクノロジー・ナレッジ（TK）について解説していきます。テクノロジーの進化によって、企業内研修のあるべき姿は大きく変わりつつあります。

前章で述べているように、企業内研修における「テクノロジー」とは、**学習提供手段としてのウェブサービスやツール、その他、目的や学習シーンに応じて使用するシステム**のことを指します。提供されているさまざまなツールを、学習の目的に応じて選択していくことが大切です。

ブレンディッド・ラーニングでは、従来の集合研修（イベント型）主体の学習設計から、「事前学習＋当日（集合研修）＋事後学習」など、複数の学習シーン（オフライン研修・オンライン研修・オンライン学習）を組み合わせて設計していくのがポイントでした。

このようなブレンドが行われるようになった背景には、さまざまなデバイスが普及したことで、配信できるメディアやコンテンツが多様化し、より柔軟で多角的な学び方ができるようになったこと、また、それらにすばやく対応する社会的必要性も高まってきたという事情があります。

ブレンディッド・ラーニングの歴史をさかのぼってみても明らかなように、コンピュータ、テレビ配信、CD-ROM、ＬＭＳ（学習管理システム）など、テクノロジーの進化が学習のあり方を変えてきました。そして今、企業内の研修にもＤＸが起こり、複合的な学習が求められています。

テクノロジーの影響力を評価する指標

ここで、テクノロジーに関して重要な、ルベン・プエンテドゥラ博士が提唱した**「ＳＡＭＲモデル」**という考え方をご紹介します。これは、テクノロジーが従来の学習にどのような影響を与えるのかを示す尺度のことで、以下、４つの段階があります。

SAMRモデル

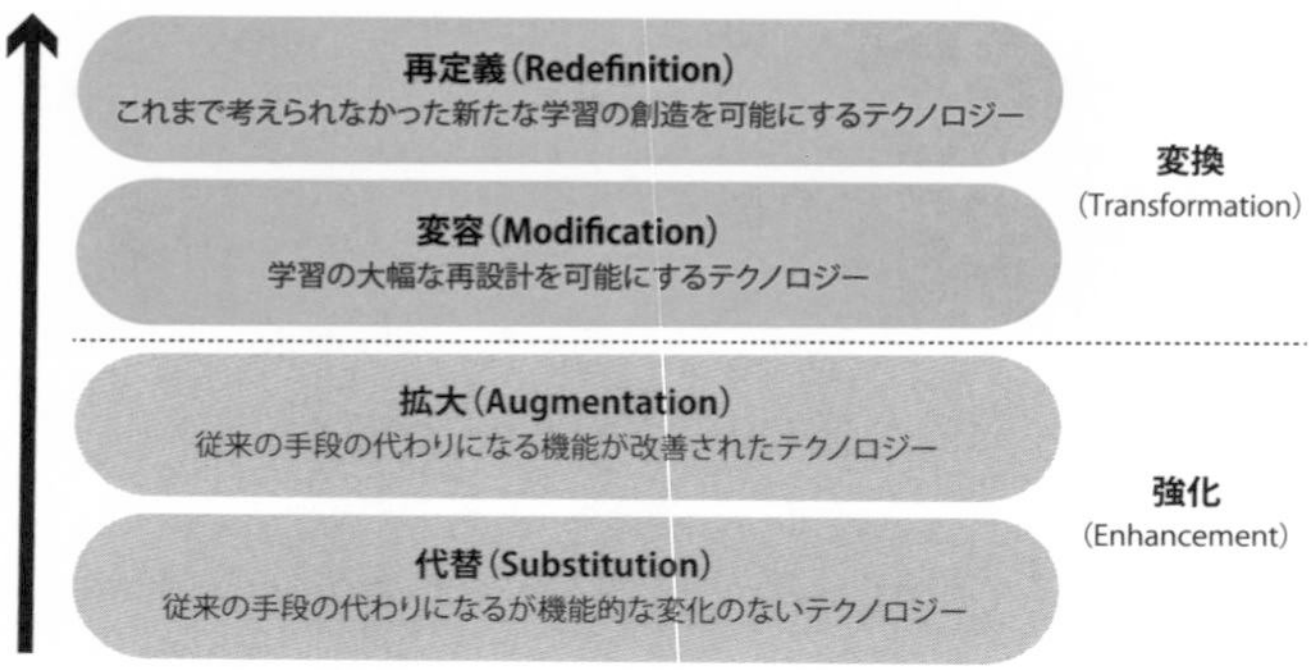

再定義（Redefinition）
これまで考えられなかった新たな学習の創造を可能にするテクノロジー
変容（Modification）
学習の大幅な再設計を可能にするテクノロジー
拡大（Augmentation）
従来の手段の代わりになる機能が改善されたテクノロジー
代替（Substitution）
従来の手段の代わりになるが機能的な変化のないテクノロジー
変換
（Transformation）
強化
（Enhancement）

出典：Ruben R. Puentedura, Ph.D."SAMR and TPCK: Intro to Advanced Practice"

研修にテクノロジーを導入する際は、研修を「強化」するだけでなく「変換」できるかを意識して活用するのが理想。

- 代替（Substitution）
- 拡大（Augmentation）
- 変容（Modification）
- 再定義（Redefinition）

このうち**「代替（Substitution）」と「拡大（Augmentation）」は、「強化（Enhancement）」と表現されています。**つまり、従来の学習をテクノロジーが代替したり拡大したりすることで、強化しているというわけです。

一方で**「変容（Modification）」「再定義（Redefinition）」は、「変換（Transformation）」に該当します。**単なる強化ではなく、学習のあり方そのものを変革することによって、新たな価値を生み出すという発想です。
既存の研修にパソコンやタブレット端末を取り入れて活用するだけなら「強化」に過ぎませんが、テクノロジーを利用して研修そのもののあり方を変えてしまえば、それは「変換」と言えるでしょう。ブレンディッド・ラーニングも同様に、研修の変化と発展を目指すものです。

最新テクノロジーに飛びつくのではなく「応用」する

研修にテクノロジーを活用することは必須ですが、「テクノロジーの進化に乗り遅れないよう、いち早く最新テクノロジーを導入しよう」と考えてしまうと、ブレンディッド・ラーニングの本質からずれてしまうおそれがあります。新しいテクノロジーの導入だけが目的になってしまうと、「今までの集合研修をオンラインに置き換えればいい」という思考になりがちです。

先ほど紹介した「SAMRモデル」にもあるように、今、求められているのは、**ただテクノロジーを使って学習を「強化」することではなく、学習そのもののあり方を「変換」する**ことです。その点で、「利用」というより「応用」という発想に近いかもしれません。

たとえば、テクノロジーを活用した企業内研修としてイメージしやすいのはeラーニングかと思います。しかしeラーニングを導入するだけでは、本書で言う学習理論を踏まえた「ブレンド」にはなりません。それは、テクノロジーの「利用」に過ぎないのです。

そうではなく、**最新のテクノロジーを生かして最適なブレンディッド・ラーニング（学習のブレンド）のあり方を試行錯誤していくこと**が、本書で目指す企業内研修のあり方です。それがすなわち、テクノロジーの「応用」となります。

効果的に学ぶために「3つのテクノロジー」をブレンドする

「学び方」によって学習内容の定着率が変わる

ここで学習におけるテクノロジーの種類と特徴を整理するために、まず、「人はどのようにして学ぶのか？」について考えてみましょう。学びの原点に立ち返ることで、進化・発展したテクノロジーによって何を実現すればいいのかイメージしやすくなります。

「人はどのようにして学ぶのか？」という問いの答えは、**「どのように学習すれば学びは定着するのか？」**について考えることで見えてきます。そのためのヒントとしてよく取り上げられるのが、**「ラーニングピラミッド」**という理論です。

アメリカの国立訓練研究所の調査によると、学習方法とそれによる定着率は、ピラミッド型の図によってあらわすことができるとされています。ご覧になったことがある方も多

ラーニングピラミッド

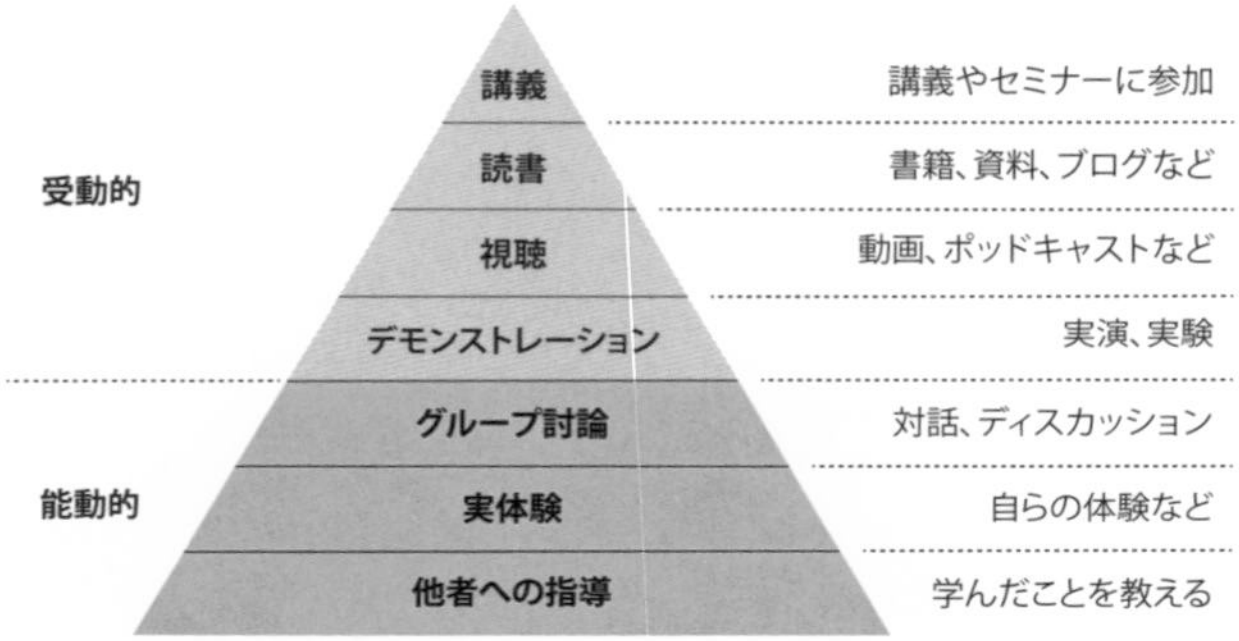

出典：アメリカ国立訓練研究所の資料をもとに作成

ピラミッドの下の段にある学習法ほど、より能動的。受動的な学習よりも能動的な学習のほうが学んだ内容をより定着させられる。

いかと思いますが、上のような図です。

　上から順に**「講義」「読書」「視聴」「デモンストレーション」「グループ討論」「実体験」「他者への指導」**となっていますが、ピラミッドの上の段から下の段へ行くほど徐々に大きくなっているのがわかります。つまり、下に行けば行くほど、学習定着力に与える影響が大きいということです。

　数字や理論の根拠に関する議論はあるものの、ラーニングピラミッドからは、**学びにはさまざまな方法があること、それらが学習定着率に与える影響はそれぞれ異なっていること、より能動的な学習が定着率に影響を与えること**などのヒントが得られます。

ラーニングピラミッドが示すものをひと言で言うと、**「学習の定着率（学習効率）を上げるには、アウトプットを伴うアクティブラーニング（能動的な学習）が重要」**ということになります。ただし、定着率の高い講義もあればあまり定着が期待できない討論もありますので、どの学習法が効果的であるかについては、個人差があることは否定できません。だからこそ、複数の学習方法をブレンドしたほうがより効果が期待できるのです。

インプット、アウトプット、エバリュエーション

ラーニングピラミッドの**「講義」「読書」「視聴」「デモンストレーション」はインプット、「グループ討論」「実体験」「他者への指導」はアウトプット**と考えることができます。それに沿って、研修で活用できるテクノロジーを分類すると次のようになります。

1. インプット（情報提供、知識移転、方法理解）：コンテンツ
2. アウトプット（ディスカッション、練習、協調学習）：インタラクティブ
3. エバリュエーション（評価、フィードバック、学習管理）

具体的に見ていきましょう。それぞれのテクノロジーを研修に取り入れるためのツールやサービスについては、113ページ以降を参照してください。

▽インプット（情報提供、知識移転、方法理解）

動画や文章、ファイルなどを使った情報や知識、方法論の伝達は、「オフライン研修」「オンライン研修」「オンライン学習」のどの場面でも活用できます。これらは、ラーニングピラミッドの「講義」「読書」「視聴」に当たるものです。アウトプットに比べて定着率は下がりますが、研修前の事前学習やオンラインでの学習では、これらのインプットを効果的に行うことが大切です。

また、実演動画やオンライン研修での**生放送（ライブ配信）**で「デモンストレーション」を行うこともできます。

インプットは言い換えれば「コンテンツ提供」です。コンテンツについては第5章で詳しく解説します。

▽アウトプット（ディスカッション、練習、協調学習）

学習の定着率を高めるには、より能動的な「グループ討論」「体験学習」「他者への指導」

を研修に取り入れるのがポイントです。それを可能にするのが、ディスカッションや練習、協調学習といったアウトプットを可能にするインタラクティブなテクノロジーです。

具体的には、**アンケートや質問、ディスカッション、試験、画像共有、ロールプレイ動画やファイルによる課題提出**ができるテクノロジーがあります。**ビデオ会議システム**を使ったワークショップもアウトプットに活用できます。

協調学習とは、各学習者の解釈・理解の違い（多様性）があることを前提とし、複数の学習者が意見を交換しながら学んでいくものです。ディスカッションを行ったり、互いの知識やスキルを教えあったり、経験や考え方を共有することでより学びが深まります。とくに、人と人とをつなぐインターネットによって、「他者への指導」を容易に行えるようになり、協調学習の可能性はさらに広がっています。

最新のテクノロジーによって、自己学習でも練習ができるようになっています。たとえばＵＭＵの**「AIコーチング」**は、スマートフォンに向かって話しかけるだけで、ＡＩ（人工知能）が声のトーンや明瞭さ、表情やジェスチャー、さらにリアルタイムで文字起こしすることで話す内容まで評価し、採点してくれます。ＡＩが相手になってくれるので気軽にくり返し練習ができます。ＵＭＵだけでなく、ＡＩによる英会話トレーニングを取り入れる語学教育のサービスが増えているなど、ＡＩの活用が広がっています。

▽エバリュエーション（評価、フィードバック、学習管理）

主に研修の提供者側が活用するのが、評価や管理のためのテクノロジーです。試験やアンケート、課題提出によって、学習者の習熟度のアセスメントや、学習終了時や一定期間を経たのちに研修によって成果を得られたかの確認を行います。

また、テクノロジーによって学習管理の方法も変化しています。主にeラーニングの学習管理のために発展してきた「LMS（Learning Management System）」はその代表です。学習時間や実施回数の管理だけでなく、試験結果や上司からのフィードバック（指導の質と量）もあわせて管理できるなど、機能や活用法は日々、変化・発展を続けています。

このように、ブレンディッド・ラーニングの体系を理解したうえで、何を実現するために、どのようなことをし、どんなテクノロジーを活用すればよいのかが見えてくれば、企業研修におけるテクノロジーの応用がイメージしやすくなります。

目的に合わせてツールやサービスを使いこなす

研修にも応用できるツール・サービス

ここで、企業内学習に活用できるツールやサービスの例を概観してみましょう。

▽情報伝達ツール

文章や画像、動画、パワーポイントやＰＤＦなど、従来の研修でも使われてきたものに加え、最近はnote（note）やNotion（Notion Labs）など共有できるものも増えてきました。

▽動画配信ツール（非同期）

- YouTube（YouTube）

- Vimeo（Vimeo）

動画の配信ツールは、この2つが代表的です。一方、動画の作成に関しては、Quick Timeをはじめ、Zoomの画面記録やパワーポイントの動画出力などでも対応できます。

▽会議システム（同期）

- Webex（Cisco Webex）
- Zoom（Zoom Video Communications）
- Teams（Microsoft）
- Google Meet（Google）

オンラインで会議を行うツールです。かつては画面表示の人数制限が異なるなどの違いもありましたが、現在では差がなくなりつつあります。また、グループワークができるブレイクアウトルーム機能なども一般的になってきました。

▽コミュニケーションツール

- Slack（Slack Technologies）
- LINE（LINE）

- Talknote（Talknote）
- Chatwork（Chatwork）
- Messenger（Facebook）

主に文字によるコミュニケーションができるツールです。グループをつくってコミュニティとしても活用できるため、プログラムやチーム単位のやり取りも可能です。

▽インタラクションツール（同期）

- SLIDO（sli.do s.r.o.）
- Mentimeter（Mentimeter AB）
- Stormz（Stormz）

インタラクションツールは、コミュニケーションはもちろん、コメントや投票、アンケートの集計結果をリアルタイムに視覚化できるなど、オンライン研修運営を効率化できる機能もあります。

▽ディスカッションツール（議論の内容を視覚化）

- Whiteboard（Microsoft）

● Document, Spread Sheet, Slide, Jamboard（Google）

● Miro（Miro）

議論の内容を図や文字で視覚化して共有し、ディスカッションを促進するためのツールです。リアルで行う視覚的な情報共有に近い環境を、オンライン上に構築できます。

▽アンケートツール

● Google Form（Google）

● SurveyMonkey（SurveyMonkey）

アンケートツールは研修内容の調査や事前のヒアリング、エンゲージメント診断、アセスメントなど、幅広く使え、回収から集計までの省力化を実現できます。

▽ビデオフィードバック

● Rehearsal（Rehearsal）

● Reflectle（Co-Growth）

● Tanren（TANREN）

● ClipLine（ClipLine）

実践の場を増やし、フィードバックによるアウトプットの質向上をサポートしてくれるのが、ビデオフィードバックツールです。パフォーマンスにつながる練習を促します。

その他のツール・サービス

ＵＭＵは、ここまで紹介した、動画配信やインタラクション、フィードバック、会議システム、アンケート、試験、さらにＡＩによるコーチングなど、あらゆるテクノロジーを横断的に使える総合プラットフォームです。ひとつのプラットフォームでこれらすべてを実現できるという点において、かなり有用であると言えます。

また、その他にも、すでに紹介した学習管理のためのＬＭＳがあります。さらに、ＡＩを活用したツールも増えてきていますし、「ＶＲ（Virtual Reality：仮想現実）」「ＡＲ（Augmented Reality：拡張現実）」に加えて、２０２１年の初めに日本ではやり始めたClubhouse（Alpha Exploration）も、今後は企業内研修のツールとして役立てられる可能性があります。

ブレンディッド・ラーニングでは、こうしたさまざまなツールやサービスをブレンドし、効果的に企業内研修を設計していくことが求められます。

研修にテクノロジーを活用するために大切なこと

テクノロジーの「用途開発」をする

テクノロジーを活用するうえで、最も重要なのは手段と目的を考えることです。企業内研修を提供する担当者は、**各ツールとその使い方を十分に理解したうえで、それがどのような場面で使えるのかを考え、「用途開発」をしていく**必要があります。本章の冒頭でもお話ししたように、テクノロジーの「利用」に留まらず「応用」を考えるのです。

用途開発をしないまま、やみくもに多くのツールを採用しても、ツールを使うことが目的になってしまい、描いているゴールにはたどり着けません。

用途や目的に対してツールの種類が多過ぎますし、今後さらに増えていきます。大切なのは、同じ目的のツールを広く浅く試してそれぞれの特長を理解したうえで、最も目的に合うツールを徹底的に使いこなし、深く知ることです。

たとえば、オンライン会議システムとして広く使われている「Zoom」は、メインとしての会議システム以外にチャットやメッセンジャー機能も備わっており、アドレス帳もありますし、ファイルの送受信もできます。ほかのコミュニケーションツールを使うことなく、Zoomですべての機能を代替させることも不可能ではありません。

ほかにも、たとえばグループワークのアウトプットをGoogleのスプレッドシートにグループ別にシートを分けてまとめてもらえば、講師はシートを見るだけで各グループの進捗を把握でき、参加者もシートを見るだけでほかのグループの学びを共有できます。

このように、一つひとつのツールは、メインの使い方だけでなくプラスアルファの活用が可能です。ツールの機能は随時、更新されていますから、どれかひとつのツールを使いこなすだけでも、学習の幅は広がるでしょう。

メイン機能だけを見てどんどん導入していくと、ツールの採用が目的化し、「ツールが多すぎて使いづらい」「新しいツールが使えない」という理由で学習者のモチベーションを下げてしまいかねません。これはテクノロジーに踊らされている状態で、本末転倒です。

ブレンディッド・ラーニングで目指す生産性の向上や成果に結びつけるためには、テクノロジーを知ったうえで「用途開発」する主体的な運用が必要です。

「テクノロジー・アプリケーション」の時代へ

人材・組織開発に関するさまざまな情報を発信している世界最大の団体「ＡＴＤ(Association for Talent Development)」は、ＨＲ（人材育成担当者）に必要な「コンピテンシーモデル」のひとつとして、２０１３年から２０１９年まで、「ラーニング・テクノロジー」をテーマとして掲げていました。

ラーニング・テクノロジーとは、「学習に関わるテクノロジーツールを知ったうえで活用できることが大切」という考え方です。

時代が変わるなかで、「コンピテンシーモデル」は２０１９年に「ＡＴＤケイパビリティモデル」（↓Ｐ２３９）に変わり、同時に「ラーニング・テクノロジー」が「テクノロジー・アプリケーション」という言葉に変わりました。「アプリケーション」は日本語で「適用、応用」という意味になりますが、この言葉が意味するのは、**ラーニングに適したテクノロジーをただ知っているだけでなく、世の中のあらゆるテクノロジーをいかに応用できるかが勝負になる**ということです。

今後は、**テクノロジーを知ることから活用できる状態へとシフトし、さらにラーニング**

関連のテクノロジー以外のツール・サービスにも目を向けることをおすすめします。

たとえば、アイウエアブランドを展開するＪＩＮＳでは、センシング技術を用いたウェアラブルデバイス「ＪＩＮＳ ＭＥＭＥ」を提供しています。「ＪＩＮＳ ＭＥＭＥ」は、視線移動や瞬きを感知する眼電位センサーと６軸モーションセンサーを搭載し、リアルタイムにデータを収集することにより、身につけている人の集中の状態などを分析することができます。

あるいは、指輪型のヘルストラッカーとして人気の「Oura ring」は、睡眠のモニタリングだけでなく、長期的な体調の変化を測定できるデバイスです。これまで目に見えなかった体の状態をデータ化し、追跡することで、健康維持および増進に役立てられます。

これらのデバイスは、ラーニング用のデバイスではないものの、**「デバイスを活用していかにパフォーマンスを向上させるか」**という点では共通しています。使い方によっては、学習者の状態を観察・追跡することもできます。

よりトレーニングに近いところで言うと、先ほどもお話ししたようにＶＲやＡＲを使って実際の業務を体験したり、練習したり、あるいはナレッジを共有したりすることもできます。このような最新テクノロジーをウォッチし、実際に体験しておくこともまた、テクノロジーに親しむためには必要です。

学習全般にも言えることですが、研修設計者が楽しみながらテクノロジーを活用することが大切です。提供する側が楽しんでいないと、学ぶ側も楽しむことはできません。進化する未来の学習を想像しながら、ワクワクした気持ちで、積極的に触れてみることから始めましょう。

次章では、このようなテクノロジーを活用して提供されるコンテンツのつくり方について見ていきます。

第4章のディスカッションページ

こちらのQRコードから、UMU上に設定された本書のディスカッションページへお入りください。第4章に関する読者のみなさまの気づきや学びをアウトプットし、学びをブレンドしていただけます。より深い学びのために、ぜひご活用ください。

第5章

CK：コンテンツをブレンドする

コンテンツのそろえ方次第で学習効果が大きく変わる

コンテンツに関する3つのキーワード

第5章では、「TPACK」のうちコンテンツ・ナレッジ（CK）について解説していきます。コンテンツに関する知識として、学習効果を最大化させるための理論や学習法、良質なコンテンツを用意するためのコツがあります。

主に次の3つが挙げられます。

1 マイクロラーニング（コンテンツの細分化）
2 フォーマル・ラーニングとインフォーマル・ラーニング（研修と日々の学び）
3 キュレーション（収集、選別、編集）

コンテンツの内容や編集の仕方以前に、これらの３つのキーワードを意識する必要があります。これらについては、１２７ページから具体的に解説していきます。

コンテンツの学習理論で押さえておくべき3つのポイント

学習効果を高めるには、ただ情報を提供するだけではなく学習者の認知処理を促さなければなりません。第２章で紹介した「マルチメディア学習の認知理論」では、**人の情報処理システムとその処理能力に対応し、能動的な学びを促すためには、「視覚・画像」と「聴覚・言語」など複数のチャネルを用いることが重要**であるとされていました。

たとえばプレゼンテーションの画面上に冗長なテキストを追加すると、視覚のチャネルに負荷がかかり、いわゆる「外部認知負荷（限られた処理能力を無駄にする認知処理）」が生じる可能性があるとされています。そのため、**マルチメディアによるコンテンツ配信**が効果的なのです。

さらに、効果的な学習コンテンツを作成するためには次のようなポイントがあります。

▽業務との関連性が明確である

成人学習についてまとめた「P-MARGE（↓P155）」の理論をもとに、実利性や仕事との関連性を意識してコンテンツを作成します。実際の業務と同じかそれに近いケーススタディをもとに学べることが望ましいですが、外部のコンテンツを使う場合は近しいものがないことがあります。そのような場合は、コンテンツで学んだことをどのように業務に活用するかのイメージができる上司や先輩が、業務との関連性を示す必要があります。

▽練習がセットになっている

「練習こそがパフォーマンスを上げる（PMP：Practice Makes Performance）」ということを意識して、意見投稿やディスカッション、実演、試験などで学んだことをアウトプットする機会を設けます。

▽練習（アウトプット）にフィードバックがある

学習者のアウトプットに対してフィードバックとコーチングをします。学習者の試験結果や実演に間違いがあったら、実際の業務に悪影響が出ないようにあるべき姿を提示して正し、正しくできたことも再現性を高めるためにどこが正しくできていたかを伝えます。

小分け学習で効果を高める「マイクロラーニング」

ブレンドするためにコンテンツを小さく分ける

ブレンディッド・ラーニングにおけるコンテンツとは、**「成果を出すために必要な学習要素」**のことです。コンテンツを提供するメディアとしては、主に「動画」「ファイル」「記事」などが挙げられます。

そこで問題です。次の2つの学習のうち、どちらが成果に結びつくと思いますか？

1. 50種類の動画を徹底的に何度も見る
2. 1種類の動画を見たあとに、参加者同士でディスカッションをする。その後、試験で理解度を確認、現場実践を経て不明点や課題を講師・参加者同士で相互に解決する

学習理論を踏まえると、当然、後者だとわかります。では、そのような学習の仕方を、コンテンツ作成にどう反映すればいいのでしょうか。

ここでポイントになるのが**「マイクロラーニング」**です。マイクロラーニングとは、**コンテンツを5~10分ほどの小さなサイズにすることで多様な組み合わせを可能にし、よりパーソナライズされたコースを設計する**という考え方です。

「マイクロラーニング＝短い動画」と誤解されることもありますが、動画に限らず、文章、音声スライド、図説やイラストの入ったファイルなど、さまざまな学習コンテンツがあります。

では、なぜマイクロラーニングが企業内学習に必要なのでしょうか。**「業務上」「受講者」「教育担当者」「学習環境」**などの観点から考えてみましょう。

まず、業務上の観点としては、**「研修に費やす時間が割けない」「従来の研修が業務に直結しない・役に立たない」**などの事情があります。そこで、短時間で学べて、より個々の目的に合わせて設計できる柔軟性が求められます。

受講者の観点としては、**「集中力が続かない」「手軽に学びたい」**などが挙げられます。学習者のニーズに合わせることで、学習途中でのドロップアウトを防げます。

また教育担当者の観点から見た必要性として、**「プログラムの経年劣化が早い」「コンテンツを即時に提供する必要がある」「研修の効率化や投資対効果が求められる」**などがあります。即時性や効率化を考えると、コンテンツをすばやく作成・展開でき、頻繁にアップデートできることが重要です。

最後に学習環境の観点では、**「テクノロジーの進化」「スマートフォンやタブレット端末の普及」**が挙げられます。「どこでも学べる」という学習環境の変化を活用して、マイクロラーニングで研修そのものを最適化（再定義）することが大切です。

マイクロラーニング設計上のポイント

次に、マイクロラーニングを設計する際のポイントについて見ていきましょう。ポイントは４つあります。

▽テーマを最小単位まで細分化する

たとえば、10分を超えるような長い動画は、情報が詰め込まれ過ぎていて、すべてを理解するのが困難です。

カリフォルニア大学サンタバーバラ校のリチャード・メイヤー教授とオーストラリアのウーロンゴン大学のポール・チャンドラー教授が２００１年に合同で発表した研究によると、**コンテンツを細分化して学習した人のほうが、同じ内容をコンテンツをすべてまとめて見て学習した人より深く理解できていた**ことがわかりました。

なぜこのような結果になるかというと、**コンテンツを最初から最後までまとめて見てしまうと、学習者の認知システムに負荷がかかり過ぎる**からです。

▽複数のチャネルを使う

学習効果を高めるには、複数の感覚、とくに**目と耳にはたらきかける**のが効果的です。そこで、映像や音声、静止画、文章などを用いて、さまざまな感覚のチャネルにはたらきかけながら学習効果を高めていきます。

▽パーソナライズされた内容と丁寧なガイド

マイクロラーニングでは、**学習者の集中力を切らさない**ことに焦点をあてています。そこで、内容をパーソナライズ（個別化）しつつ、学習意欲を高める丁寧なガイドを加えます。

具体的には「あなたに向けたコンテンツです」などのメッセージを含ませたり、学習者が迷わないように次に取り組むコンテンツに誘導したりすることが大切です。

「マイクロラーニング」という言葉から「インプット」を連想するかもしれませんが、「できるようになる」ということを考えると、アウトプットも意識した設計をすべきです。**インプットだけでなくアウトプット、つまり「プラクティス」にもマイクロラーニングの手法を生かす**ということです。

▽ マイクロコンテンツ＋マイクロプラクティス

たとえば、自分の意見を述べる、試験問題を解く、あるいはロールプレイしたものを動画で撮影して投稿するといったこともラーニングの一環です。事実、多くの研修で受講者に喜ばれるのは、グループワークなどを通じた対話です。学ぶ者同士が対話をし、活動することが相互の学びにつながります。集合研修をオンライン化しても、その部分を削ってはいけません。

「マイクロコンテンツ＋マイクロプラクティス」、つまりインプットとアウトプットを実現できるコンテンツをそろえてこそ、ブレンディッド・ラーニングの理論を踏まえた学習環境が整備できるのです。

作成するコンテンツの種類

次に、作成するコンテンツの種類について見ていきましょう。コンテンツは学習の目的により**「インプット」「アウトプット（練習）」「エバリュエーション（評価）」**の3つに分けられます。

インプットとは**動画、音声スライド、文章、ファイル、図説、さらには会議システムや生放送など、各種コンテンツを用いて行う、知識や情報、ノウハウなどの習得**です。

アウトプットは、**アンケートやランダム出題の試験、動画課題、ファイル提出、ディスカッションなどを含む広い意味での練習**です。アウトプットすることで、知識やスキルの定着を促進します。

エバリュエーションは評価のことです。**通常の試験のほか、動画試験や音声試験などの学習内容に合わせた評価コンテンツ**を用いることで、効率的な学習設計が可能になります。

このようにコンテンツは、便宜上、3つの目的に分けることができますが、実際に学習する過程では、使い方を変えれば別の目的でも活用できます。

目的別の効果的なコンテンツ例

	インプット	アウトプット	エバリュエーション
知識	図説、音声スライド、動画	ランダム出題の試験	試験
ハンズオン（機器操作など）	動画、図説、会議	動画課題、試験	試験
ソフトスキル	動画、音声スライド、生放送	動画課題、AIフィードバック、キーワード、プロセスフィードバック	動画課題
カルチャー・理念	図説、音声スライド、動画	文章練習、ディスカッション	音声試験

UMU上で使えるコンテンツの例。3つの目的と、習得するスキルや知識、マインドに合わせて、効果的なコンテンツを選定する。

たとえば、「試験」を例に挙げると、試験問題を解きながら解説を読むことで、エバリュエーションだけでなく、アウトプットとインプットも同時に行うこともできます。「動画課題」も、練習した動画を提出するアウトプットとしてだけでなく、それを誰かが採点すればエバリュエーションになります。さらに、提出されたものの中から模範的なものを選び、ケーススタディとしてそのままコンテンツ化すれば、インプットに使えます。

このようにコンテンツにはさまざまな使い方がありますが、主にインプットとアウトプットに使えるコンテンツ形式と代表的な使い方を確認しておきましょう。

▽動画

ビデオカメラやスマートフォン、タブレット端末などで撮影した動画や、すでに社内にある動画などを学習コンテンツとして共有します。動画を使うと多くの情報を伝達することができます。

動画編集のコツについては、147ページ以降で解説します。

▽音声スライド

画像や図とそれを解説する音声を組み合わせて動画を作成するもの。画像だけでは伝えきれない部分を解説することで、動画より容量の軽いデータで、多くの情報を伝えることが可能です。パワーポイントにも録音機能がついていますので、すぐにつくれます。

▽文章

ホームページやブログのような、レイアウトと装飾が可能な形式です。動画や音声を視聴できない環境下では、これらの文章コンテンツが活躍します。

▽ファイル

文章だけでなく、図やイラストなども加え、ワードやＰＤＦなどのファイル形式でアップロードできるもの。ページをめくりながら学習ができ、コンテンツをダウンロードして使うこともできます。

▽図説

データや情報などをわかりやすく視覚化したものです。複雑な情報も、チャートや相関図、ピクトグラム（絵文字）によって視覚的にすれば、理解が促進されます。

▽アンケート

全員の声を拾うことができ、結果を全体で共有できるもの。研修中に投げかけることで集中力を高めたり、討議を促したり、傾向を共有することで理解を深めることも可能。研修前に実施すれば、学習者に関する情報収集にも活用できます。

▽試験

単一回答、複数回答、自由記述といった問題を作成して、それぞれの設問に正答と解説を加えることができるもの。エバリュエーションだけでなく、解説を読んで学習教材として使ったり、ランダムに問題を表示させたりすることで練習としても使えます。

▽動画提出

プレゼンのロールプレイや決められた作業を行う様子を動画に撮って提出、相互に採点、フィードバックコメントを共有するもの。フィードバックをする・受けるという両方の経験から学ぶことができます。

▽ファイル提出

ワード、エクセル、パワーポイント、ＰＤＦなどのファイルを提出して共有するもの。ただ課題提出をするだけでなく、互いに採点、コメントし合うことで学ぶ形式です。

▽ディスカッション

学習テーマについて意見を投稿して議論することができるもの。問いに対しての理解を深めたいとき、ひとつのテーマについてアイデアを出し合いたいとき、意見や経験を共有したいときに有効です。

これらはＵＭＵ上で使える機能を例に説明しましたが、ひとつずつ組み合わせることで同じように使えるテクノロジーツールについては第４章で紹介しています。

学習者の視点に立ち、学習の目的やシーンに応じて、複数のコンテンツを最適なかたちでブレンドしていきます。また、先に述べたように、**「業務との関連性が明確である」「練習がセットになっている」「練習（アウトプット）にフィードバックがある」**という3点が考慮されるべきです。

フォーマル・ラーニングとインフォーマル・ラーニング

パフォーマンスを向上させる「70：20：10の法則」

みなさんは1日にどのくらい学んでいますか？　通勤途中にスマートフォンを見たり、仕事中に上司や同僚と話したりなど、私たちは日々、あらゆる場面で学んでいます。学習は、机の上だけで行われるとは限らないのです。

では、仕事の成果に結びつく学習は、どのくらい行われているのでしょうか。アメリカの教育テクノロジー企業であるDegreedのレポートによると仕事に結びつく学びのうち、会社などから提供されるトレーニングよりも、自己学習によるラーニングの時間のほうが長く、人材開発研修に週に約37分を費やす一方で、週に約3時間を自己学習にあてているということがわかっています。

70:20:10の法則

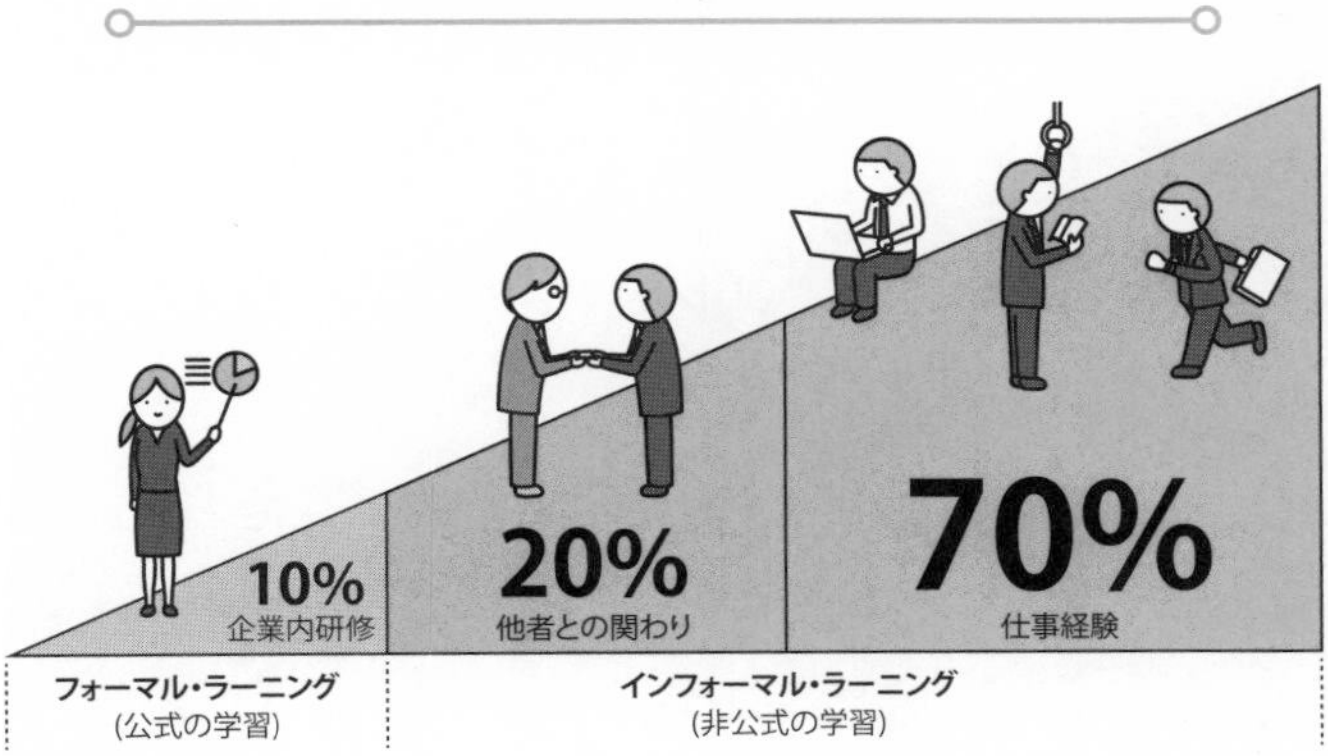

出典：ロミンガー社の資料をもとに作成

成果に結びつく学びのうち、70%は仕事経験によるもので、20%は他者との関わりから生まれる。研修など公式の学びは10%に過ぎない。

とくに企業における学習コンテンツには、**「フォーマル・ラーニング（公式の学習）」と「インフォーマル・ラーニング（非公式の学習）」**という2つの観点があります。フォーマル・ラーニングとは研修を中心とした公式の学習、インフォーマル・ラーニングとは、同僚との対話や仕事を通した学び、その他の自己学習を含む幅広い学習です。

インフォーマル・ラーニングの重要性は、アメリカの調査機関ロミンガー社の調査結果から明らかになった**「70：20：10の法則」**でも指摘されており、**職場での学習機会の90％は非公式の学び、すなわち「インフォーマル・ラーニング」によるもの**と言われています。

これは成果に結びつく学びのうち70％は日々の仕事現場での経験で培われ、20％は仕事における他者との関わりによってもたらされるというものです。残りの10％のフォーマル・ラーニングは、企業が提供する研修などです。

これからは、企業内の学びを構築する際に研修などのフォーマル・ラーニングだけに着目するのでは不十分です。**「フォーマル・ラーニング＋インフォーマル・ラーニング」という2つの観点から学習設計やコンテンツ作成を行い、学習環境を構築していくことが、成果につながる学びの最短距離**であると言えます。

フォーマル・ラーニングのポイント

フォーマル・ラーニングにおいて重要なのは、研修という「イベント」で終わらせるのではなく、「仕事で成果を出す」ことを目的とした**「パフォーマンス・ラーニング」**を意識すること、つまり**学びを定着させ仕事で発揮できるようになるまでを「ジャーニー（旅）」として設計する**ことです。

そのためにマイクロラーニングを活用します。**情報満載な長時間のコンテンツでなく、ミニサイズの良質なコンテンツを用意し、それらをいつでも見られるようにします。**

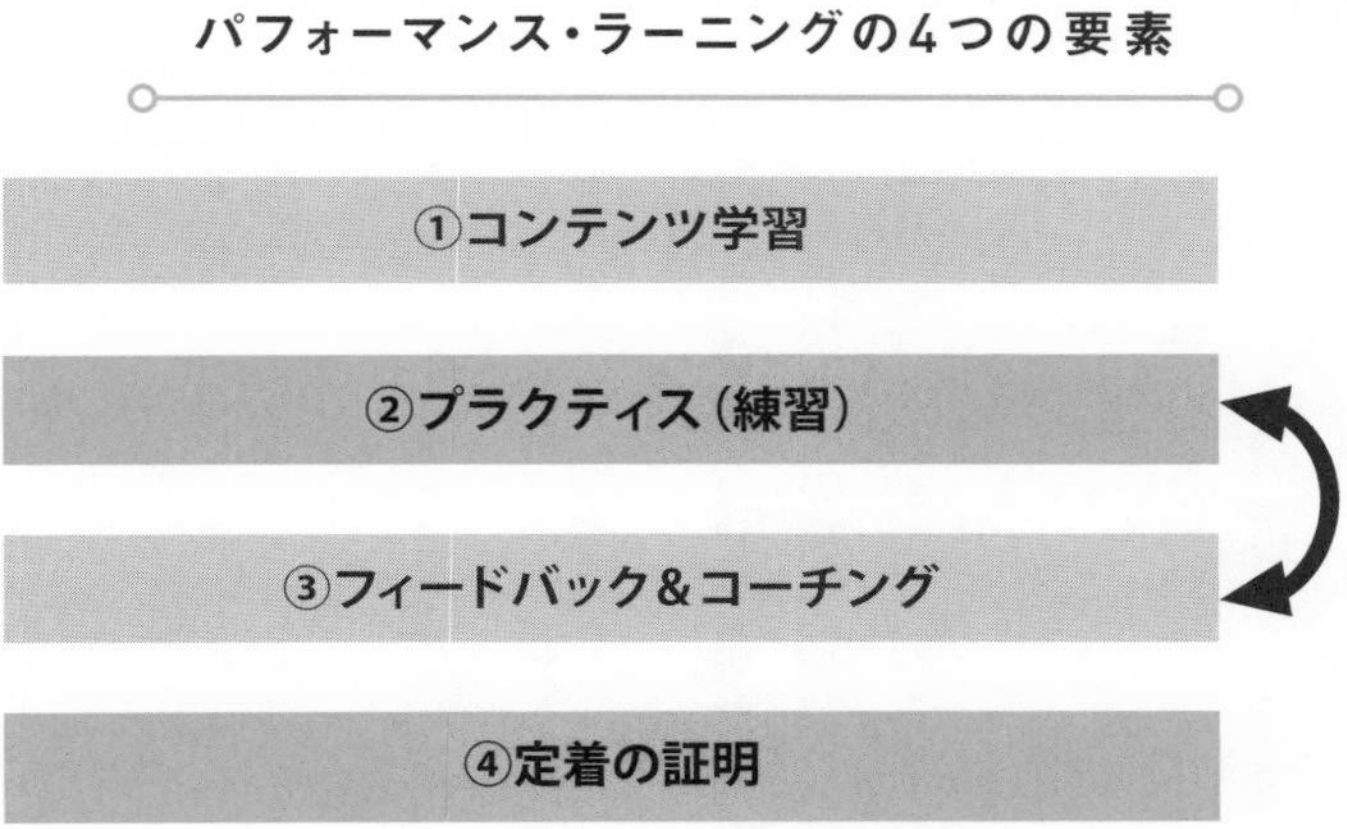

コンテンツ学習で学んだ知識やスキルを、プラクティスとフィードバック＆コーチングで確実に記憶し、定着・実践につなげる。

また、学習したことを「知る」だけでなく「できる」ようにするために、**学習と学習の間に間隔を置き、自分の言葉で話したり、仕事で使ってみたり、誰かに教えるなど、記憶を呼び起こすような練習をする機会を設ける**ことも重要です。そうすることで、学習した内容が長期記憶に保持され、引き出しやすくなります。

さらに、**上司や先輩から練習に対するフィードバックをされたり、ほかの学習者の課題などへのフィードバックをしたりする機会を設計する**ことで職場での実践までを確実にすることが大切です。

「コンテンツ学習」で学び、**「プラクティス（練習）」**での実践と**「フィードバック＆コーチング」**をくり返すことで、学んだことの**「定着の証明」**までつなげる。これらがパフォーマンス・ラーニングをデザインするための4つの要素です。

インフォーマル・ラーニングのポイント

フォーマル・ラーニングの環境を整備しつつ、個人の目的や課題に応じたインフォーマル・ラーニングも取り入れます。重要なのは、次のような視点です。

▽現場の経験・考察とベストプラクティスの抽出

従業員の現場での経験を動画インタビューなどで共有し、個々の成功や失敗から学ぶことができるようにします。たとえば、成果を上げているハイパフォーマーのノウハウからベストプラクティスを抽出すれば、多くの従業員が共有することができます。

▽仲間との共有・ディスカッション

それぞれが持つ専門知識やポケットノウハウを共有し、オンラインで随時ディスカッションをして交流できる「学び合い」の場を提供します。

▽ジャストインタイム学習

従業員のその時点での課題や興味に沿った、旬な学びを得られやすい環境を用意します。たとえば、多くの従業員が抱える課題をクリアする情報を検索可能なかたちで保存し、必要なときにいつでも適切な資料や情報にアクセスすることができるようにします。

▽専門的な知見・さまざまなレベルの情報

外部の専門家や社内のエキスパートと協力して、最新またはより高度な情報やさまざまなレベルの情報に触れられる機会をつくり出します。

このように公式・非公式の学びを意識しながら、それぞれのコンテンツの特性を踏まえて効果的に組み合わせます。公式の学びは**点ではなく線でつなぎ、非公式の学びはネットワークでつなぐ**ことを意識します。

良質なコンテンツを「キュレーション」する

コンテンツをつくらず、選ぶ

マイクロラーニングやフォーマル・ラーニング、インフォーマル・ラーニングとともに、ブレンディッド・ラーニングのコンテンツに関するキーワードとして注目したいのが**「キュレーション」**です。

キュレーションとは、**さまざまな情報を特定の視点から収集、選別、編集することで新しい価値を創造する活動**です。

コンテンツをすべて自前で作成する必要はありません。インターネット上にある情報など、著作権の問題がクリアされ、有効活用できるものがあれば、それらをキュレーションによって用意するのもひとつの方法です。

担当者が納得のいくコンテンツをつくるために時間がかかり、必要なタイミングで学習を提供できないのなら、本末転倒です。**それよりは良質なコンテンツをブレンドして、その時点で最も効果的な学びを提供する**という視点が大切です。

キュレーションするコンテンツの種類とポイント

キュレーションの対象となるコンテンツには、いくつかの種類があります。

ひとつ目は、**すでに社内にある各種ナレッジ**です。具体的には、「動画素材」や「ファイル（資料）」など、それまで社内で活用していた素材のうち、ラーニングに使えるものをキュレーションして学習コンテンツに役立てます。「創業者インタビュー」などのコンテンツも含まれます。

2つ目は、**自社開発のもの**です。開発といっても難しく考える必要はなく、たとえば現場社員のノウハウをインタビューして撮影するというのが最もシンプルな作成方法です。社内の専門部署や、詳しい人に必要な情報についてヒアリングし、それをコンテンツにするのです。実際の撮影は外部委託するほか、自社内でスマートフォンやタブレットなどで簡易的に撮影・編集することも可能です。

3つ目は、**世の中に提供されているコンテンツ**です。有料のものと無料のものがありますが、インターネット上だけでも無限にコンテンツが存在しています。新聞記事や専門誌の記事、あるいは報道機関が配信している動画など、使えるものは幅広いです。

4つ目は、**外部のeラーニングなどで使用されているコンテンツ動画**です。研修会社に依頼するのが基本です。使用できる範囲は限定されてしまいますが、優れたコンテンツも多く、年間レンタルやパートナー契約などによって使用可能となります。

こうしたコンテンツを収集するには、人材開発や研修の担当者が独自に調べてキュレーションのスキルを高めるだけでなく、専門家の情報をウォッチしておくことも大事です。

このようなキュレーションを行う人を**「キュレーター」**と呼びます。キュレーターは、コンテンツをイチからつくるのではなく、すでにあるコンテンツを活用するための重要な役割を果たす存在です。

そして、キュレーターの役割を担う人は、すべてのコンテンツを自分で集めようとせず、まずそのテーマについてよく知っている人に聞くようにしてください。そのほうがスピーディですし、確実です。よいコンテンツをすばやく効率的に集めるためにも、まずは「その分野に詳しい人を知っておく」ことから始めましょう。

学習効果の高い動画編集のコツ

動画作成の４つの原則

「動画」を例に、具体的なコンテンツのつくり方について考えてみましょう。学習効果の高い動画を作成するための原則は４つあります。

▽アクションをつける

動きや変化がなければ、見ている人はすぐに興味をなくしてしまいます。アニメーションのような高度なものでなく、イラストでもいいので、**動きを感じさせる要素**を動画に入れましょう。

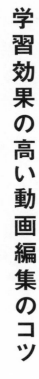

▽ビジュアルを重視する

文字だけでは情報量が限定されてしまいます。ビジュアル要素が動画の基盤であるということを踏まえて、**写真やイラスト、図**などに力を入れましょう。

▽人の出演は必ずしも必要ない

複雑な情報を動画で伝える場合は、動画の中に人物が登場して説明するよりも、文字やイラスト、図だけで説明したほうがよい場合もあります。たとえば複雑な図を見せるのであれば、人物を登場させるよりも、その図を拡大したほうが理解しやすくなります。

▽見る人が「飽きない」「理解できる」内容に

学習者の集中力に配慮することは動画に限らず重要ですが、情報が流れていく動画では、すばやく簡単に理解できるよう、動画を組み立てていくことが求められます。

多くの内容を詰め込むのではなく、**「1テーマ1コンテンツ」**を心がけ、コンテンツのテーマがすぐにイメージできるタイトルをつけます。動画の内容をあらわす見本の画像**「サムネイル」**も、画像と文字を効果的に使って、内容がイメージでき、クリックしたくなるものをつくりましょう。YouTubeなどで再生回数が多い動画のサムネイルが参考になります。

動画コンテンツの４つのパターン

動画コンテンツも効果・効率などでいくつかのパターンに分かれます。目的や制約条件などを踏まえて最適なものを選びましょう。

1. スライド・画像＋声：パワーポイントなどで作成したスライドや撮影した写真などを表示しながら声を録音する。人が映っていないぶん、作成が楽なうえ、容量が軽いため学習者に通信負荷をかけない
2. 「資料＋人物」を撮影：パワーポイントで作成した資料を印刷した紙や手書きの資料をホワイトボードや無地の壁に貼りつけ、その前で人が解説する
3. 「人物動画＋スライド・画像」を統合：動画編集ソフトで人物の動画とスライドや画像を合体。スライドや画像に人の動きが加わるためライブ感がある。編集も難しくない
4. 「人物動画＋テロップ＋アニメーション」を統合：人物による動画の解説を、テロップやアニメーションで補足。マルチメディアでより伝わりやすくなる反面、編集に手間がかかる

動画の種類と作成のポイント

スライド・画像+声

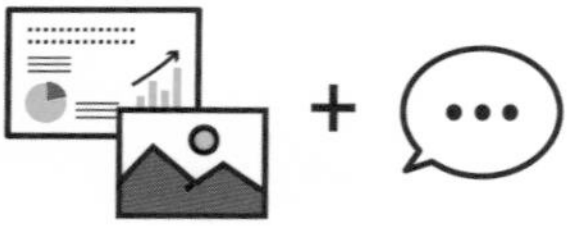

スライドは文字ばかりにならないようにし、重要な部分の文字を大きくするなどの配慮をする。

資料+人物

作成した資料を見せながら話し、スマートフォンで撮影するだけ。動画編集の技術は不要。

人物動画+スライド・画像

伝えたい内容をもとに構図を考える。スライドや画像では伝えられない内容を音声で伝えるのがポイント。

人物動画+テロップ+アニメーション

動画が長くなっても、アニメーションで注意喚起が可能。事前にシナリオを用意する必要がある。

動画を撮影・編集しなくても作成できる動画コンテンツもある。テキストや図、画像では説明できないことを音声で解説する。

タイムリーにコンテンツを提供するためには、スピードが重要です。今ではスマートフォンひとつで動画を撮ることが可能ですし、複雑な動画作成ツールを使わなくても動画コンテンツは作成できます。**完璧な動画をつくるよりも、スピーディに作成して人に見てもらい、フィードバックをもとに改善・検証をくり返す**ことが重要です。

動画撮影の準備

次に動画撮影の準備について見ていきましょう。照明や音声の質が悪いと学習者の意欲を削ぐため、照明やマイクなどの機材は性能がいいものを選ぶことをおすすめします。

とくに**照明**に関しては、自然光で撮る、被写体を照明で照らすなどの工夫が必要です。おすすめの場所は「窓の近く」「真上に蛍光灯がある場所」「白いテーブルの前」などです。

音声も、撮影場所で発生する音（環境音）に配慮し、屋外で撮影する場合は風の音が入らないように、マイクの上にウインドソックをつけるなどの対応が必要です。

また、動画を撮影する前には、**シナリオ**をつくります。事前に内容を整理でき、編集の時間が短縮されますし、ＮＧを減らす効果もあります。シナリオに入れる要素は、**「タイトル」「動画の内容**（**全体**）**」「動画の内容**（**ポイント**）**」「まとめ」「テロップ」**です（２７１ページからアクセスできる特典サイトから、シナリオのテンプレートがダウンロードできます）。シナリオをもとに、ポイントやまとめを入れると、理解しやすく、記憶に残りやすくなります。シナリオは学習の目的に応じてアレンジしましょう。

シナリオの準備が難しい場合は、「対談式（インタビュー式）」で動画を撮影してみましょう。対談にすれば、相手の質問に対し、自然な表情や速度で話すことができます。また質問さえ用意しておけば、特別なトレーニングは不要です。

以上、本章ではブレンディッド・ラーニングにおけるコンテンツについて解説しました。次章ではテクノロジーとコンテンツを活用するための学習理論を紹介していきます。

第5章のディスカッションページ

こちらのQRコードから、UMU上に設定された本書のディスカッションページへお入りください。第5章に関する読者のみなさまの気づきや学びをアウトプットし、学びをブレンドしていただけます。より深い学びのために、ぜひご活用ください。

第6章

PK：教育学にもとづいた学習理論をブレンドする

学習理論を企業内研修に応用する3つのポイント

大人はどう学ぶのか

第6章では、「TPACK」のうち、教育学の知識（PK）について解説していきます。ここでの教育学には、学習の科学やそれを反映したコース設計など、広い意味での「教授法」や「学習理論」を含みます。

たとえば、学習者に主体的に学んでもらうためのLXD（Learner Experience Design：学習者体験のデザイン）や学習を継続させるための仕組み、受講のトリガーとなる仕掛けについて、理論をもとに掘り下げていきましょう。

そのためにまず、大人が職場で学ぶときにどのような傾向があるのかを知っておく必要があります。人材開発や組織開発を含む「大人の学び」を研究している立教大学経営学部の中原淳教授は、『企業内人材育成入門』（ダイヤモンド社）の中で成人学習を「P-MARGE」という用語にまとめています。

- P：大人の学習者は実利的である（Learners are Practical.）
- M：大人の学習者は動機を必要とする（Learner needs Motivation.）
- A：大人の学習者は自律的である（Learners are Autonomous.）
- R：大人の学習者はレリーヴァンス（関連性）を必要とする（Learner needs Relevancy.）
- G：大人の学習者は目的志向性が高い（Learners are Goal-oriented.）
- E：大人の学習者には豊富な人生経験がある（Learner has life Experience.）

P-MARGEの要素をまとめると、成人学習のポイントは次のようになります。

- 課題を解決するために学習が必要と感じたときに学ぶ（実利的、動機）
- 学習において、子どもより自律的に行動する（自律的）
- 学習が仕事などと関連していて、目的が明確だと学びやすい（関連性、目的志向性）
- 成人は経験に価値を置いているため、経験と学びの統合が重要（経験）

こうした視点を踏まえると、問題や課題の解決を中心とした学習設計や、フォーマル・ラーニングだけでなく日々の経験とのつながりを持たせたインフォーマル・ラーニング（→P138）の重要性も明らかになります。研修設計の際には、これらの要素をクリアできているかチェックしてみましょう。

このうち「経験」に関しては、組織行動学を研究しているデイヴィッド・コルブ教授が、人が経験から学ぶ際の「4つのステップ」として説明しています。

1 積極的な実践：まずやってみる、なんとか乗り越えようともがく
2 具体的な経験：学ぶために意識的にアウトプット（記録、言語化）する
3 内省的な観察：自分を批判的に見て、自分の行動の特性や結果を評価・分析
4 抽象的な概念化：独自の理論化（マイセオリー化）を行う

このような成人学習の理論を踏まえて成果に結びつけるために、企業の研修も「職場学習（Workplace Learning）」を重視します。具体的には、職場実践の前後を学習でサポートするという視点で設計していきます。

学習理論を応用する3つのポイント

では、学習理論を研修の設計・構築に応用するには、具体的にどうすればいいのでしょうか。ブレンディッド・ラーニングの実践において、とくに教育学の理論を応用したいポイントとしては、次の3つが挙げられます。

1. LXD（学習者体験のデザイン）
2. 学習効果を高める設計理論（事前・当日・事後）
3. 学習を継続させるための仕掛け（ゲーミフィケーション、トリガー）

学習者の課題を解決するテーマ設定をし、そのテーマを学ぶメリットを感じさせながら動機づけをする。さらに体験の場を設け、振り返る機会も用意する。義務的にやらせるのではなく、自律的・主体的に学ぶ仕組みをつくる。こういった視点からこの3つのポイントを意識して設計していきます。

それぞれ、順番に詳しく解説していきます。

「学ぶ人の視点」で考える学習者体験デザイン（LXD）

「もっと学びたい！」という意欲をデザインする

よりパフォーマンスにつながる学びを実現するには、学習者が主体的に学ぶことが不可欠です。そのため、研修は企業側や研修設計者の視点ではなく、学習者の視点に立ってデザインしなければなりません。

多くのeラーニングはこの「学習者中心」の視点が抜けており、それが成果に結びつかない理由にもなっています。

従業員は学習よりも日々の仕事に重点を置いて活動しています。「研修なんてやっている場合ではない」「研修を受けることで本当にスキルアップにつながるのか」といった意識を持つ人も少なくないでしょう。そのため、**「学習者は総じて研修に積極的ではない」**

ということを理解することが、研修設計のスタートとなります。

積極的でない学習者に「業務上、必要だから」といった理由だけで義務的に研修を受けさせても、定着にも成果にもつながらず、投資対効果の点からもマイナスです。**学習を成果につなげるには、明確な動機をもち、主体的・継続的に学んでもらう工夫が必要です。**

では、主体性を促すには、どのようにして研修をデザインすればいいのでしょうか。

ここで他業界の視点を学習に応用してみましょう。参考になるのは、マーケティング業界で使われる**「エクスペリエンスサビリティ」**です。エクスペリエンスサビリティとは、**ユーザーがそのサービスをどれくらい使いたくなるかを示す指標**のことです。

マーケティングにおいては、顧客のエクスペリエンスサビリティを向上させるために、商品そのものの価値だけでなく、顧客が商品を選び、購入し、使う場面、そしてアフターフォローまでの体験を「ＣＸ（Customer Experience：顧客体験）」または「ＵＸ（User Experience：ユーザー体験）」として重視しています。

その視点を参考に、学習者の主体的・継続的な学びを促すために、学習における**「ＬＸ（Learner Experience：学習者体験）」**を意識して研修を設計しましょう。

ＬＸをわかりやすく定義すると、次のようになります。

学習者が真に学びたいと思うことを、「①心地よく」「②おもしろく」「③楽しく」「④もっと知りたい！と感じて自律的に学ぶ」体験として提供すること

この4つの要素は、研修設計者ではなく、研修を受ける人の視点を盛り込んだものです。研修を設計する担当者は、「このような観点で研修プログラムやコースを設計しなければ、多くの学習者が自律的な学びを得られるものにはならない」と考えるべきなのです。

研修の始まりから終わりまで学習者体験をデザインする

このような学習者側の視点を踏まえた学習の設計を**「LXD（Learner Experience Design：学習者体験デザイン）」**と言います。LXDは、「CX（Customer Experience：顧客体験）」やUX（User Experience：ユーザー体験）にID（Instructional Design：教育設計）の要素を取り入れた考え方です。

たとえば、**「案内」「事前課題」「研修当日」「事後活動」**という4つの段階で研修を設計する場合、それぞれの過程にLXの要素を盛り込みます。

研修を案内する段階では「予期的LX」として受講者に期待感を持たせたり、ワクワク

研修の事前から事後までのLXをデザインする

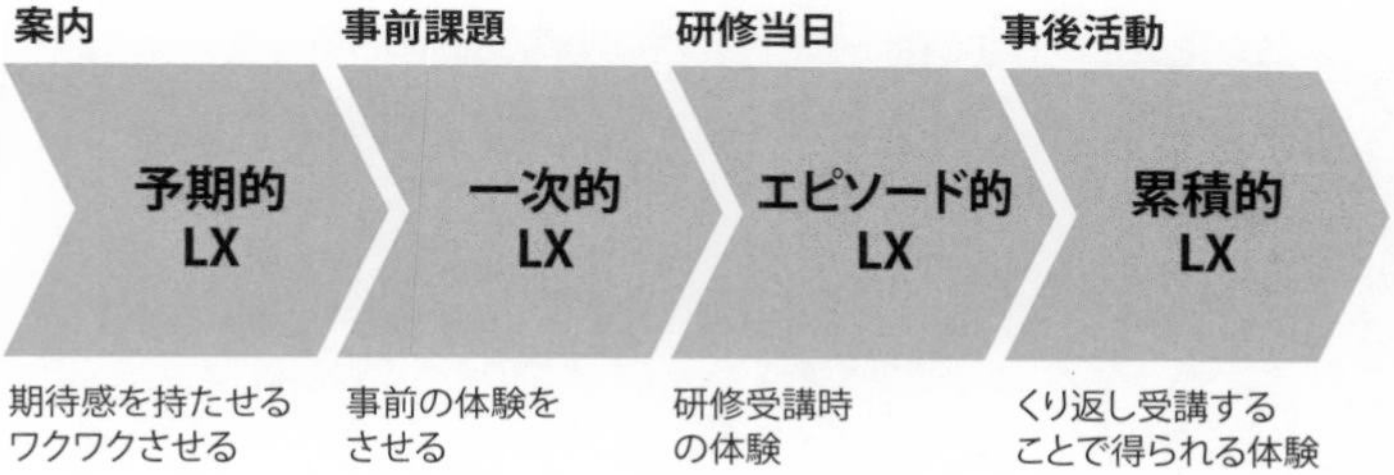

出典：ブレンディッド・ラーニング・ファシリテーター養成講座資料より抜粋（©IP Innovations inc.）

研修当日の学習体験だけでなく、案内の段階から学習者の期待を高め、さらにくり返し受講することで積み重なる体験もデザインする。

させたりします。また事前課題のフェーズでは「一次的ＬＸ」として事前の体験を提供し、そのテーマに親しんでもらいます。さらに研修当日は、「エピソード的ＬＸ」として研修受講時の体験を、事後活動では「累積的ＬＸ」としてくり返し受講することで得られる体験を演出します。

さらに実際の設計時には、「ペルソナ（ユーザー像）」「コンセプト」「効果測定」を定め、フェーズごとに「学習項目」「学習活動」「効果を高めるための工夫」「感情曲線」などの事項をシート（コースデザインシート）に記入していきます。

コースデザインシートの詳細は、第7章で解説しています。

「感情の動かし方」を他業界から学ぶ

ＬＸＤのポイントは、**学習者の感情を揺さぶるような体験を提供する**ことにあります。ただ楽しいというだけでなく、驚きや感動を喚起できるようなプログラムを提供することが、学習の定着や持続性、さらには実践、成果へとつながります。

驚きや感動を与えるためには、教育学の視点だけでなく、他分野からも学ばなければなりません。なかでもエンターテインメント業界では、読者や視聴者を惹きつけるために、どのような体験を提供することが効果的であるかが研究されています。

たとえば、映画『君の名は。』で広く知られている新海誠監督は、過去にツイッターで、同作の「感情曲線」を公開していました。感情曲線とは、視聴者がどのような過程で感情のピークを迎えるのかを、曲線であらわしたものです。

新海監督は、ストーリー展開と顧客の感情の動きをあらわす感情曲線をくり返しブラッシュアップし、事細かに設計しています。その結果、多くの人を感動させる作品を生み出しました。こうした感情曲線の要素は、ＬＸＤにも活用することができます。

ブレンディッド・ラーニングのコースデザインシートの項目にも、「感情曲線」が盛り込まれています。学習者の感情まで考慮に入れてデザインすることで、「楽しい」「おもしろい」を「感動」や「驚き」へと高められるためです。

感情曲線を踏まえて望ましいLXDをつくり上げるには、さまざまなコンテンツや研修の設計を参考にしながら、LXを高めるために柔軟に考えることが大切です。

たとえば、以前、海外駐在者向けのトレーニング設計について考える機会がありました。最初に描いたLXDコンセプトは「海外駐在するための自信がついた!!」といったものでしたが、現地に行かずに自信をつけるのは難しいという判断になり、「同じ悩みを相談できる仲間が世界中にできた!!」に変更することになりました。このLXDコンセプトで研修を設計するなら、業務に直結するスキル研修よりも、キャンプファイヤーをして一緒に火を見つめてチームビルドするほうが記憶に残り、よりよいLXDができるのではないかと考えました。このように、LXをどのように設計するかで研修の内容もまったく違うものになり、それが学習者の記憶に残るような研修になるかどうかに関わります。

モチベーションや使命感を高める工夫

学習のスタート地点から学習者の感情を高めていくためには、受講案内の段階で、**モチ**

ベーションが高まる動画メッセージなどを配信するのも効果的です。社長のメッセージやお客様が感動している様子など、感情に訴えかける内容であることがポイントです。

受講前にそのような動画を見ることで、学習者は仕事の意義を再確認し、何のために研修を受けるのかイメージできます。

また、上司がその研修への参加を勧めるといった具体的なアプローチによってもモチベーションは高まります。ジョン・ニューストロムとメアリー・ブロードの共著『Transfer of Training』では、研修に影響を及ぼす関係者（上司・講師・受講者）とタイミング（事前・当日・事後）を考えた場合、「①事前の上司」「②事前の講師」「③事後の上司」の順に影響が強いとしています。

このことから、研修前に上司から研修の目的やそれを学ぶことでどのような変化を期待しているかを部下に伝えたり、部下が研修で学んだことを職場で実践する際に上司がサポートをすることが、研修の成果を高めるために有効だとわかります。

研修設計者はこの点を意識して、研修の事前から事後まで、上司にサポートしてもらうよう「巻き込み」を行うことがポイントです。

このように、ＬＸＤで配慮するべきポイントはさまざまにありますが、大切なのは、効果的な研修によって成果を出すには、「設計」がとても重要であるということです。

学習効果を高める設計理論（事前、当日、事後）

「40：20：40」で学習効果を高める

次に、学習効果を高めるための仕掛けについて見ていきましょう。最初に紹介するのは、ウェストミシガン大学名誉教授のロバート・O・ブリンカーホフが提唱する、**「ハイ・インパクトモデル（High Impact Learning Model）」**です。

このモデルでは、学びを実務に生かせていない理由を、「研修と職場に乖離《かいり》があること」としています。そこで、研修前と研修後の学習活動を充実させ、研修と実務を結びつけ、より学習効果を高めるために考えられたのがこのモデルです。

ブリンカーホフは、「事前」「研修当日」「事後」のバランスを、**「40：20：40」**のバランスにすることを勧めています。つまり、**事前や事後の活動を、研修当日の2倍充実させる**

「40:20:40」のハイ・インパクトモデル

事前	研修当日	事後
学習者のニーズ調査、準備、目標、モチベーション	計画、講義、演習、テキスト、講師、場所	仕事との関連づけ、業務への適用、上司からのフィードバック、組織上の阻害要因の除去
40%	20%	40%

出典:Robert O. Brinkerhoff “High Impact Learning”をもとに作成

事前の準備と事後のフォローや業務適応にそれぞれ40%ずつ力を注ぎ、研修当日の設計に20%を割くのが理想的。

ということです。

具体的には、事前の活動として**「学習者のニーズ調査」「準備」「目標」「モチベーション」**などに配慮し、それらをサポートする活動を盛り込んでいきます。これらの活動が、のちの学習の効果に反映されていきます。

また研修当日は、**「計画」「講義」「演習」「テキスト」「講師」「場所」**など、研修の質を左右する点を考慮します。とくに集合研修の場合、これらの点は多くの企業や専門家が最も得意とする部分かと思います。

さらに事後の活動としては、**「仕事との関連づけ」「自分の業務への適用」「上司からのフィードバック」「組織上の阻**

害要因の除去」など、学んだことを実務に取り入れる工夫をします。「学習後の環境を整備する」と言ってもいいかもしれません。

ブリンカーホフがとくに留意すべきとしている点を、実際の企業研修設計の視点からまとめると次のようになります。

▽事前

- 上司が研修の重要性と目的を理解していないため十分な支援がない
- 上司が受講者に研修への参加を積極的に促さない
- 受講者の研修に対する参加意欲が低い
- 研修が仕事にどのように役立つかを受講者が理解していない

▽研修当日

- 研修の開催時期・時間が適切でない
- 研修構成や教材が受講者の関心や課題にマッチしていない
- 講師のファシリテーションがよくない
- 受講者がコンテンツを学ぶ能力を有していない

▽事後

- 上司が受講者に学習内容を仕事に活用する責任を追わせていない
- 新しいスキルを試す機会が十分に提供されていない
- 受講者が学んだことを現場で活用できるようなコーチングを受けていない
- 上司がこれまでのやり方を続けるようにはたらきかけてしまっている
- 新たな行動につなげるためのアセスメントやフィードバックの仕組みが存在しない

あらかじめ、こういった想定される問題点を解消することを念頭において設計をすれば、研修の効果が上がります。

事前・当日・事後の学習設計のヒント

次に、どのようにして研修前・研修当日・研修後の効果を高めていくか、**テクノロジー**を活用してできる具体的な学習設計のヒントをいくつか見ていきましょう。

▽研修前

1 上司の動機づけと実践への巻き込み

- トップから上司へのお願いメッセージ送付
- 上司向けウェビナーの実施（研修の背景説明、実施意義、内容共有、支援のお願い）
- 動機づけ・目標設定のための、上司と受講者との1on1を義務づける

2 受講者の研修に対するエンゲージメント強化

- 経営トップからの動画メッセージ
- 学習意欲を喚起する動画の配信（感情を揺さぶるもの）
- 講師からの事前メッセージ動画・自己紹介

3 学習前の事前準備

- 研修テーマについて講義部分を動画・ファイル・文章などで事前学習（反転学習）
- 事前に必要な知識習得を目的とした試験を行う
- 同期型研修内で実施する内容を事前に配布し、行ってもらう（ファイル・動画）

❹学習内容をニーズにマッチさせる

- 上司に対してのニーズサーベイを実施して企画に生かす
- 現状テーマに関する理解度をアンケート・試験で確認
- 現場での業務課題や過去の経験などをヒアリングする

▽研修当日

❶受講者の理解度・期待値の把握

- 研修中に受講者の理解度をアンケートや試験で確認する
- アンケートなどを活用して研修中の講師への希望などをヒアリングする
- ブレイクアウトセッションを設け、別の部屋に移動して対話をしながら質問を考えてもらい、戻ったらその内容を投稿してもらう

❷受講者の状況に合わせた学びの提供

- 演習などで先に進んでいる受講者にはさらなる上位問題を提供し、講師がいなくても自動採点などで自分のペースで学習を進められるようにする
- 動画コンテンツや事例説明など多様なメディアを組み合わせて理解を深めることを支

援する

- 学習内容の理解方法にいくつかパターンを用意する。たとえば、ブログ、動画など、自分の理解しやすいコンテンツでわかりにくい部分を学習できるようにする
- 同期型であっても自分に必要なものを学べるように、選択できる動画などを提供する

3 受講者の課題解決ニーズに合った環境の提供

- 受講者が自分の課題を話し、それに対してほかの受講者全員が解決策、情報提供をチャットに一斉に投稿する
- 受講者の質問をデータで収集してとくに答えてほしいものに投票してもらい、優先順位が高いところから回答していく
- 視覚を使ったほうが理解しやすいロールプレイングなどは、動画を撮影して全員で見ながら取り組む

▽**研修後**

1 理解度定着に向けてのフォローアップ

- 研修内容の理解度を確認し、不完全な部分はマイクロラーニングでフォロー

- 研修後に一定期間のスパンで復習コンテンツを定期配信する
- 受講者全員の学び、気づき、アクションプランを共有して現場実践イメージを強化

❷ 現場定着化までの徹底的な支援

- 研修期間中に目標を設定してもらい、その達成度合いをオンラインでトラッキング、フォローする
- 知識やスキルを測る理解度テストを定期的に配信する
- 研修中にともに学んだグループをコミュニティとして確立させ、受講後も継続して学び合うことを計画に組み込む

❸ 現場・上司を巻き込み、現場での成果を全員で祝う

- 受講者の学習コースの内容を上司と共有する
- 上司のフォローを事前に計画に入れておき、受講後に面談を実施したり、オンラインサポートで職場を巻き込んだりして実行する
- 現場での実践報告に対して周囲からフィードバックをもらう仕組みをつくる

これらのすべてを網羅できなくても、**「目的・ゴールを明確にする」「学習者とその背景を理解する」「ＩＴをどう使うかのアイデアを考える」「学習者体験にフォーカスする」**という基本となる点を押さえておくだけでも、学習効率の向上は期待できます。

いずれにしても、すべて完璧にしようとするのではなく、成果を上げるために重要だと思われることから実践してみてください。成果から逆算し、できることをどう取捨選択していくのかを検討していきましょう。

「ドロップアウト」を防ぎ学習を継続させるための仕掛け

行動を起こさせるための方程式

ブレンディッド・ラーニングは、イベント中心の集合研修とは異なり、**学習者の「離脱」**にも配慮しなければなりません。eラーニングを導入している多くの企業がそうであるように、学習者が途中で離脱してしまうケースは、決して少なくありません。

そこで、離脱者を出さないような工夫が必要となるのですが、そのための参考にしたいのが「フォッグの消費行動モデル（Fogg Behavior Model)」です。スタンフォード大学のフォッグ教授が提唱したもので、**「B=MAT」**という式であらわされます。これは、**行動(Behavior)は、「モチベーション（Motivation）」「能力（Ability）」「トリガー（Trigger）」という3つの要素に起因している**という式で、この3つがあることで、実際に行動を起こす**「行動移行**

フォッグの消費行動モデル

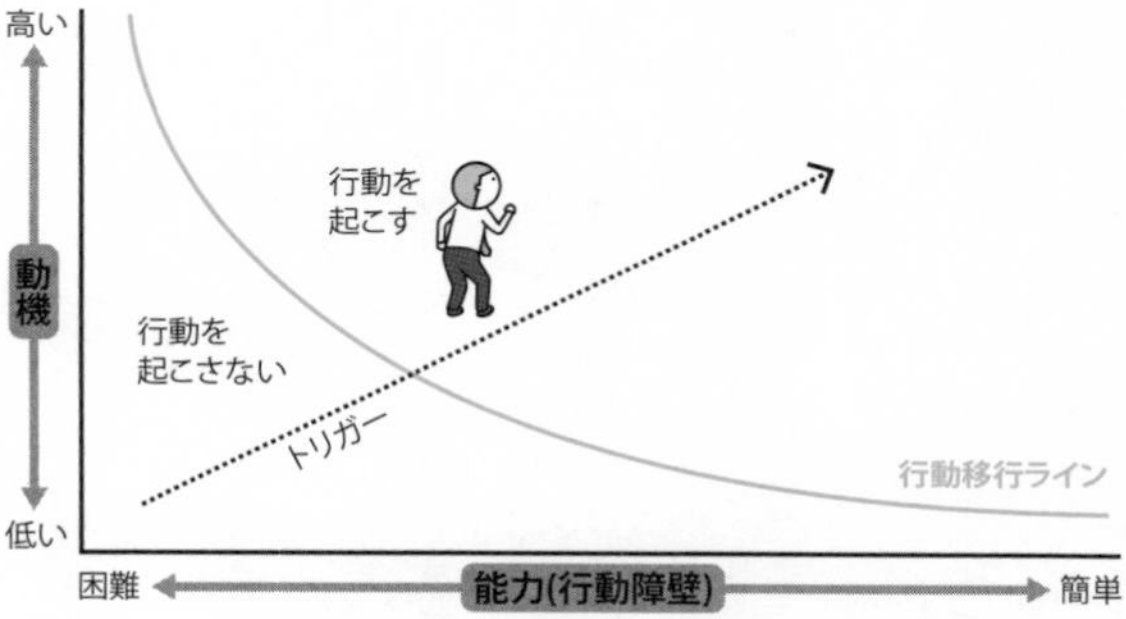

出典：https://behaviormodel.org/の図をもとに作成

人に行動を起こさせるためには、「動機」と「能力」の度合いに加え、きっかけを与える「トリガー」が重要。

ライン（Action Line）」を越えることができるのです。

たとえば、モチベーションが高ければ能力が低くても行動につながります、一方、どれほど能力が高くても、モチベーションがなければ当然行動にはつながりません。そして、モチベーションも能力もあまりない場合は、トリガー（きっかけ）がなければ行動は起きません。

これを学習に置き換えると、離脱者が出てしまう原因を、「動機づけが弱いのか？」「行動障壁が高すぎるのか？（能力に合っていないのか？）」「トリガーが不足しているのか？」などの仮説から検証できるようになります。

ちなみにフォッグ教授は、2017年

頃から「Trigger」ではなく「Prompt（促進）」という言葉を使用しているため、現在、この理論は公式には**「B=MAP」**と表示されています。学習者に行動してもらうには、これらの点を踏まえて「ガイド（行動を起こしやすくする）」「リマインド」「動機づけ（恐怖や期待）」などを行う必要があります。

ただ、実際に行動変容を促すには、モチベーションや能力について考えるより先に、きっかけを与えることから考えなければなりません。なぜなら、モチベーションや能力以前に、ただきっかけがないために行動できていないケースが多いためです。

たとえばダイエットを例に考えてみましょう。「体が引き締まったところを想像する」のがモチベーションへのアプローチであるのに対し、ダイエットアプリなどの通知機能を使って「ランニングに行きましょう！」とリマインドするのがきっかけづくりです。

このように、まずは小さなきっかけを用意し、それから能力やモチベーションについて検討したほうが、スタートのハードルが低く、行動変容を生み出しやすくなります。

学習について言えば、オフィスについたらまずはパソコンを開いて15分間学習する、お腹が空いたら食事の前にスマートフォンで15分間学習するなど、具体的な時間や状況のうち、とくに習慣になっている行動に結びつけるのが効果的です。行動パターンに落とし込むと、脳がプログラミングされ、決められた行動を自然にとるようになります。

ゲーム感覚で学習を続けたくなる「ゲーミフィケーション」

次に、継続を促すための仕掛け「**ゲーミフィケーション**」について見ていきましょう。

ゲーミフィケーションとは、**ゲームデザインの原則や要素を、その他の活動に応用すること**です。ゲームには、参加者を楽しく熱中させる仕組みや、またプレイしたくなる仕掛けがたくさんあります。それらを、学習にも応用してみるのです。

具体的には、ゲームには次のような要素があります。

1. 何を達成したらゲームクリアできるのかが明確である　↓学習目標を明確にする
2. 課題を解決すると報酬がある　↓少しがんばればできるくらいの課題を設定し、それを解決した際の報酬（表彰や承認）をつくる
3. 現状が可視化できる　↓自分の立ち位置を確認できて、次に何をがんばったらいいかが明確にわかるようにする
4. ユーザー間の交流がある（協力・競争関係）　↓つながりや助け合い、または競争を通じた切磋琢磨ができるようにする

これらの要素を研修設計に盛り込むためのキーワードとして**「PBL」**があります。PBLとは**「ポイント」「バッジ」「リーダーボード」**のことです。

▽P（ポイント）

学習者の行動や結果に応じて、ポイントを与えます。ポイントには、「効果的にスコアを記録し、データを蓄積できる」「進捗を対外的に示すことができる」「勝敗がある場合、勝った状態を明確に示すことができる」「学習と外的報酬が結びつく」「フィードバックが提供できる」といった効果があります。

▽B（バッジ）

バッジとは、ポイントをより大きな塊にしたものです。ある目標をクリアした場合のフィードバックとして学習者に付与する勲章のようなものです。バッジには、「学習者が次の課題に取り組む目標になる」「ステータスになる」「学習者ができること、期待されていることを端的に示す」「学習者が気にかけていることや実行したことのシグナルになる」「グループの目印として機能する」「同じグループの人に共通するアイデンティティを生む」

といった役割があります。

▽L（リーダーボード）

リーダーボードは、学習者同士を比較した「立ち位置」を示すものです。ランキングなどが代表的な例で、学習者に視覚的に自分の進捗具合を知らせることができます。リーダーボードは強力な動機づけとなり得えますが、一方で、モチベーションをそいでしまうおそれがあるとも言われています。ビジネスにリーダーボードだけを導入すると、業績の強化よりもむしろ後退につながることが多いとする調査結果もいくつか存在します。

これらのPBLに加えて、学習者が一定レベルに達したことをあらわす証明書の発行ができるとなおよいでしょう。

集中力を切らさないための「90：20：8の法則」

ゲーミフィケーションは行動を起こすための工夫ですが、では、集中力の問題にはどう対処すればいいでしょうか。具体的な対策を考えてみましょう。

たとえば、トレーナーの権威であるボブ・パイクは、次のような**「90：20：8の法則」**を提唱しています。

- 理解しながら話を聞けるのは「90分」まで
- 記憶しながら話を聞けるのは「20分」まで
- 飽きずに集中して話を聞けるのは「8分」まで

これを踏まえると、少なくとも90分に1回は休憩を入れ、20分おきに講義とワークを切り替え、8分ごとに何らかのやり取りをするなどの工夫が効果的だとわかります。とくにオンラインの場合は、4分に1回は学習者が何かアクションをしなければ集中力が途切れてしまうので注意が必要です。

研修の効果を検証し、改善するポイント

研修プログラム設計の評価

ここまで本章では、「学習者中心の学習者体験デザイン（LXD）」「学習効果を高める設計理論（事前・当日・事後）」「学習を継続させるための仕掛け（トリガー、ゲーミフィケーション）」について紹介してきました。以上を踏まえて、プログラム設計の評価軸（チェックポイント）としては、次のような点を押さえておきましょう。

1. 未来視点・チーム視点を踏まえた学習目標が設定できている
2. 研修がイベント（点）ではなく、達成までのジャーニー（線）の取り組みになっている
3. 複数の学習シーンを組み合わせた構成になっている（※目安として2つ以上）

④伝説（感動体験）につながるＬＸＤコンセプトを設定している
⑤学習者中心の体験を意識したデザインになっている
⑥学習効果を高めるための事前・当日・事後の工夫が盛り込まれている
⑦パフォーマンス・ラーニング・デザインの4つの要素（↓Ｐ１４１）が盛り込まれている
⑧学習を継続させるための工夫が盛り込まれている
⑨適切なテクノロジーツールを選択できている
⑩成功に向けて関係者の巻き込み施策が盛り込まれている

研修コースやプログラムを設計する際には、これらの点をカバーできているかどうか、チェックしてみてください。

ＡＤＤＩＥモデルとＳＡＭモデル

設計を検証するための、「ＡＤＤＩＥモデル」と「ＳＡＭモデル」についても触れておきましょう。従来は、ＡＤＤＩＥモデルが学習設計の主流でした。ＡＤＤＩＥモデルとは、**「分析（Analysis）」「設計（Design）」「開発（Development）」「実施（Implementation）」「評価**

（Evaluation）」をくり返し、フィードバックしながら開発する手法です。

一方でSAMモデルは、いわゆる「アジャイル（迅速）」な手法です。2012年にマイケル・アレンが発表したSAMモデルは「Successive Approximation Model（連続接近モデル）」の略です。**「設計（Design）」からすぐに「試作品（Prototype）」をつくり、その段階で「評価（Review）」**を行います。設計フェーズで改良を加えたうえで、開発に着手し、再び**「開発（Development）」「実施（Implementation）」「評価（Evaluation）」**の3段階で検証し、必要に応じて設計フェーズに戻って改良します。

SAMモデルは、変化の早い環境において、より迅速で柔軟な対応を可能にするモデルで、準備期間は短く、開発は小さいステップで行い、開発の早い段階から学習者からの評価を取り入れ、修正コストを最小に抑えながらくり返していきます。アジャイルなだけでなく、**設計者と学習者が連携してコース開発するのがポイントです。**

人に合わせた学習設計

成人学習では、とくに主体的・自律的な学びが重視されるという点を踏まえると、**報酬などの外発的欲求ではなく、自発的に学びたいと思えるような内発的欲求を喚起できるか**

が、ひとつのポイントになるでしょう。

ＬＸＤは研修を受ける対象者によっても変わってきます。学習経験が乏しい人に対してはやる気を引き出さなければなりませんが、一方でやる気のある若手社員に対する研修であれば、厳しいところから這《は》い上がることで達成感を得られる設計にするのも有効です。

判断材料となるのは、**学習者のモチベーションと習熟度**です。設計時にペルソナ（ユーザー像）を分析する理由はここにあるのですが、「学習者のモチベーションが高いか低いか」「習熟度が高いか低いか」を調べ、それを研修設計に活用します。

ここで参考になるのがアメリカの行動科学者ポール・ハーシーとケネス・ブランチャードが提唱した**「ＳＬ理論」**です。ＳＬ理論は部下の習熟度に応じたリーダーシップに関する理論ですが、学習にも応用できます。

- Ｓ１（教示型）：コミュニケーションの必要性は低いが業務指示の必要性が高い人
  ↓具体的に指示を出す一方通行の「教示型」リーダーシップが最適
- Ｓ２（説得型）：コミュニケーションの必要性と業務指示の必要性がともに高い人
  ↓説明して疑問にも答える双方向の「説得型」リーダーシップが最適
- Ｓ３（参加型）：コミュニケーションの必要性は高いが業務指示の必要性が低い人

↓対話しながら仕事を任せる双方向の「参加型」リーダーシップが最適

● S4（委託型）：コミュニケーションの必要性も業務指示の必要性もともに低い人

↓権限を委託して任せる最小限の「委託型」リーダーシップが最適

このようなタイプ別の分類は、学習のプログラム設計において、いくつかのコースを用意する際の参考になります。具体的には、モチベーションも習熟度も高い人には実践的な学習の機会を与えるコースを用意し、どちらも低い人には初期学習によって基本となる武器（知識やスキル）を与えるコースを受講してもらうなどの工夫が可能です。

第6章では、研修設計のベースとなる理論や考え方を、できるだけわかりやすく説明してきました。教育学（PK）を踏まえた学習理論は、「TPACK」の中でも要となるものです。

以前、ATDのカンファレンスに参加したときに、次のような言葉を目にしました。

「BAD TRAINING + IT = WORSE TRAINING」

これは、**設計がよくない研修をテクノロジーを使ってそのままオンライン化しても、改善されるどころか、さらによくない研修ができあがってしまう**ということです。

最新のテクノロジーも、良質なコンテンツも、学習理論をベースに置いてこそ、真価を発揮します。最近では、オンライン研修に関する学習設計理論も開発されているので、研修を改善するために使えるものはないか、ウォッチしておくといいでしょう。

次章では、研修設計の事例を見ながら、ブレンディッド・ラーニングの設計について解説していきます。

第6章のディスカッションページ

こちらのQRコードから、UMU上に設定された本書のディスカッションページへお入りください。第6章に関する読者のみなさまの気づきや学びをアウトプットし、学びをブレンドしていただけます。より深い学びのために、ぜひご活用ください。

第7章

ブレンディッド・ラーニング設計の事例

ブレンディッド・ラーニング設計の基本の「3つの型」

基本となる「型」から始める

第7章では、ブレンディッド・ラーニングの実践編として、実際のコース設計や事例について紹介していきます。まずは、詳しいコース設計の前に、「ブレンディッド・ラーニングの型」について確認しておきましょう。

ブレンディッド・ラーニングは、テクノロジー、コンテンツ、教育学のあらゆる要素をブレンドし、さらに事前・当日・事後など時間軸も考えながら設計するため、その組み合わせは無限にあります。そのぶん、あらゆる目標やニーズに合わせてカスタマイズできるのですが、ゼロの状態からすべてオリジナルで、いわゆるフルスクラッチの設計をするのは最初はハードルが高いでしょう。

それよりもまずは、基本となる「型」を学んで実践し、その経験をもとに応用編としてフルスクラッチの設計に取り組むことをおすすめします。

設計の段階ごとに分類すると、ブレンディッド・ラーニングを設計する「型」として、次の3つが挙げられます。

1. 反転学習型（オンライン事前学習→同期型の研修）
2. OFO型（Online、Face-to-face、Offline）
3. ブレンド型（オフライン研修、オンライン研修、オンライン学習、職場実践の組み合わせ）

反転学習型

「反転学習型」は、同期型の研修をフォローするかたちで、オンライン事前学習を取り入れるものです。オンラインで事前知識をインプットしておくことで、研修当日はアウトプット中心のより実践的な学びを得られるようになります。

この型では、同期型の研修の特性である「協調学習」や「実践と即時フィードバック＆コーチング」の効果を最大化するため、知識として習得できることは動画の配信やメールでの課題提出で学ぶなど、「個別にオンラインでできるものは事前にオンラインで済ませておく」という発想が大事です。同期型の研修を通じてこそ学べることだけを当日に残しておきましょう。

ただし、学習者が新しい学習方式に慣れていない場合、オンライン事前学習のボリュームが大き過ぎると、課題が終わらない、事前学習が負担でモチベーションが下がる、などのネガティブな影響が出る可能性もあるので注意が必要です。

反転学習型の例

- オンライン学習（非同期）＋オフライン研修（対面型集合）
- オンライン学習（非同期）＋オンライン研修（同期）

反転学習型の事例については、201ページから具体的に解説しています。

OFO型

2番目の型が「OFO型」です。OFOとは、「Online」「Face-to-face」「Offline」の3

つを組み合わせたスタイルの研修で、反転学習型に事後学習を加えたものです。

第6章で紹介したブリンカーホフの「ハイ・インパクトモデル」は、「事前・研修当日・事後」の組み合わせとその注力すべき割合（40：20：40）をあらわしたものでしたが、OFO型も考え方は同じです。

まず、オンラインで事前学習を行います。そのうえで、中心となる研修当日に実践的な学びを得て、研修後には職場での実践や課題提出などを通じて学びを深めていきます。

事後学習の種類はさまざまで、「どうすればより定着するか」「どうすれば成果につながるか」などを考えながら、内容を掘り下げていく必要があります。もっとも最適な復習・定着化を行うために、オフラインに限らず、オンラインとオフラインの双方を検討することも大切です。

OFO型の例

- オンライン学習（非同期）＋オフライン研修（対面型集合）＋職場実践
- オンライン学習（非同期）＋オンライン研修（同期）＋職場実践

OFO型の事例については、211ページから具体的に解説しています。

ブレンド型

3番目の型が「ブレンド型」です。ブレンド型では、「オフライン研修」「オンライン研修」「オンライン学習」「職場実践」という4つの学習シーンを組み合わせて、コースを設計していきます。

従来のようなオフライン中心の設計は、簡単に組み立てられるものの、投資対効果の点で問題があります。そのため、まず、**できるだけフルオンラインで考える**ことがポイントです。全過程をオンラインで実装する場合を検討し、その限界を理解したうえで、オンラインとオフラインのバランスを見極めていきます。

ブレンド型の例

- オンライン学習（非同期）＋オフライン研修（対面型集合）＋オンライン学習（非同期）＋オンライン研修（同期）＋オンライン学習（非同期）＋オンライン研修（同期）

すべての合間に職場実践を組み込み、それを1時間から1時間半のオンライン研修（対話会）で振り返ってPDCA（計画・実行・評価・改善）のサイクルを増やします。

職場での実践が重要である点は、OFO型と変わりません。ブレンディッド・ラーニングは、あくまでも「成果につながる学び」を設計するものなので、そのような観点から4つの学習シーンを比較検討しながら設計していきます。

実際にブレンド型で設計する際には、以下のようなやり方を試してみてください。

▽オンライン・オフラインの最適化を狙う

- 極限までオンラインで実施すると仮定し、その限界を理解したうえで、オフライン研修に使う時間を検討する
- オフラインでの対面型集合研修は従業員の移動時間も含めてコストが大きいため、その効果を最大化するべく、最適なバランスを模索する
- 「100%オンライン」「100%オフライン」で設計する場合をそれぞれ考え、双方がもっとも効果的にクロスする組み合わせを探す

▽4つの観点から学習プログラムを設計

- 最初に、学習テーマを決める（ブレンドするコンテンツの選定）

- 次に、4つの観点から学習のブレンドを検討する（効果測定とPKの3つのポイント）
A：学習目標と効果測定の設定
B：LXDコンセプト／LXデザイン（感情曲線）
C：学習効果を高める設計理論（事前、当日、事後）
D：継続させるための仕掛け（運用設計）
- 最後に、具体的なコース設計へと落とし込む

組み合わせが複雑になるにつれて、研修の「ジャーニー（旅）」としての側面が強くなってくるため、このような4つの観点をもとに設計することが大事になってきます。ブレンド型の事例については、221ページから具体的に解説しています。

以上が、**「反転学習型」「OFO型」「ブレンド型」**の概要です。まずは、簡単なところから取り組んでみてください。

これらの「3つの型」でコース設計を行い、その要素を理解できれば、研修内容をゼロベースで設計する「フルスクラッチ型」もつくれるようになります。次に、「フルスクラッチ型」の具体的な作成方法について見ていきましょう。

フルスクラッチ型ブレンディッド・ラーニングの設計

学習者や目的に合わせてゼロベースで設計

「反転学習型」「OFO型」「ブレンド型」の先にあるのが、「フルスクラッチ型」のブレンディッド・ラーニング設計です。フルスクラッチ型では、3つの型の要素を踏まえつつ、ルールを設けずにゼロベースで4つの学習シーンの組み合わせ方を考えます。

具体的なステップは、次の通りです。

1. テーマ設定・学習目標設定
2. 学習コース設計
3. 学習コンテンツ設計

とくに、①と②で重要になるのが「コースデザインシート」の作成です。コースデザインシートの実例は、204～205ページや216～217ページを参照してください。

コースデザインシートの作成

コースデザインシートの記入項目は、全体項目とフェーズ（段階）ごとの項目があります。具体的には、次のような内容です。

▽全体項目

全体項目で設定するのは次の4つです。

- 研修テーマ：研修のタイトルや研修の種類、方向性
- ペルソナ：研修対象者（具体的にどのようなバックグラウンドがあり、現状どのような課題を抱えているか）
- 学習目標・測定方法：研修で得られる成果とその測定の仕方

●ＬＸＤコンセプト：生み出す感動や驚き

「研修テーマ」は「新人研修」「リーダー研修」などの大枠のほかに、「社会人としての意識取得」「リーダーシップ開発」など研修の具体的な内容がわかるテーマを設定します。

「ペルソナ」も「新入社員」「現場スタッフ」などだけでなく、学習者のバックグラウンドや日々の関心、前提知識やテクノロジーの習熟度、ときには家族構成も含め、生活がイメージできるレベルでできるだけ明確にします。

「学習目標・測定方法」は、「研修後の学習者や組織がどのように変化するのか、その姿を言葉であらわし、テストや職場での実践など、効果測定をどのタイミングでどのように行うかも設定します。

「ＬＸＤコンセプト」には、研修を通して学習者がどのように感情を揺さぶられるのか、そのイメージを記入します。伝説に残るような、学習者が一生忘れないような学習体験のコンセプトを考えます。「こんなにわかりやすい研修は初めて！　これならできる気がする！」「プロダクトのヒストリーに感動した！　人に話したくてたまらない！」など具体的に、研修担当者自身もワクワクしながらイメージすることが大切です。

▽フェーズごとの項目

各フェーズの項目で設定するのは、第6章で解説した次の3つです。

- LXデザイン（感情曲線）：受講者の感情を動かす学習の旅（ジャーニー）をどのように描くか
- 学習効果を高める工夫：学習効果を高める理論をどう応用するか
- 継続のための仕掛け（運用設計）：継続するための理論をどう応用するか

「LXデザイン」では、各フェーズごとに学習者がどのような経験をして、どのような感情を抱くかを設計します。どのような不平不満が解消されればよいのか考え、また、1か所でもよいので心に残るような感動体験を設定します。

「学習効果を高める工夫」には、実際にどのような学習活動を実施するのかを、「成果につながる」「学習効果が高まる」ことを意識しながら、事前・当日・事後に振り分けて記入していきます。受講案内の受け取り方、グループワークの内容、ロールプレイングの内容、社長動画など具体的に設定します。

「継続のための仕掛け」は、「リテンション（維持・保持）」「エンゲージメント」を目的に学習がしっかりと現場で継続されるような運用方法を記入します。

これらの項目を定めたうえで、具体的なコンテンツデザインに入っていきます。コースデザインで成果創出までのジャーニーを描いたうえで、各フェーズのコンテンツを一つひとつつくり込んでいきます。コースデザインについては201ページ以降の実例を参考にしてみてください。

ブレンディッド・ラーニングのコースを評価するポイント

もちろん、この段階で完璧なものができるわけではありません。実践する中で適宜、改良を加えていきます。実践データが集まれば集まるほど、改良点が見えてくるはずです。評価ポイントとしては、第6章でも紹介した以下の項目を参照してください。

1. 未来視点・チーム視点を踏まえた学習目標が設定できている
2. 研修がイベント（点）ではなく、達成までのジャーニー（線）の取り組みになっている
3. 複数の学習シーンを組み合わせた構成になっている（※目安として2つ以上）

4 伝説（感動体験）につながるＬＸＤコンセプトを設定している
5 学習者中心の体験を意識したデザインになっている
6 学習効果を高めるための事前・当日・事後の工夫が盛り込まれている
7 パフォーマンス・ラーニングデザインの４つの要素（↓Ｐ１４１）が盛り込まれている
8 学習を継続させるための工夫が盛り込まれている
9 適切なテクノロジーツールを選択できている
10 成功に向けて関係者の巻き込み施策が盛り込まれている

このように学習テーマ、目標、コースを作成したあとに、具体的なコンテンツやプログラムを作成していきます。コンテンツ作成のポイントは第5章で紹介した通りですが、最終的には学習者目線でのレビューを経て、質を向上させていくことが求められます。

フルスクラッチ型の事例については、２２８ページから具体的に解説しています。

反転学習型のブレンディッド・ラーニング設計の事例

ここからは、具体的なブレンディッド・ラーニングの事例を紹介していきましょう。「反転学習型」「OFO型」「ブレンド型」「フルスクラッチ型」の順に見ていきます。

case1

反転学習型

1日の新入社員研修で社会人の基本を身につける

こちらは、反転学習型で実施した「新入社員研修」の事例です。まずは、次のページのコースデザインの全体像を確認してみましょう。

課題として掲げられていたのは、新入社員が研修に集まれるのは1日に限られていたということです。限られた時間の中で、「社会人になるにあたっての意識変換」や「ビジネスにおける基本行動の理解」「仕事を進めるうえでの基本的なコミュニケーションスタイ

新入社員研修のコースデザイン

実施概要

■期間：4月上旬〜4月下旬
■目的：① 学生から社会人になるにあたって意識を変換させる
②ビジネスにおける基本行動（挨拶、言葉遣い、名刺交換、電話応対）を理解する
③仕事を進めるうえでの基本的なコミュニケーションスタイルを理解する
■対象企業：6社 40名

	期間	目的	学習項目
反転学習（オンライン学習）	4月 第1週目	①現状の理解度の確認 ②集合研修への意識づけ ③事前学習（テーマに関しての意見の提出／基本知識理解）	●導入教育の全体像理解（動画） ●学生と社会人の違い（質問＋動画） ●新入社員研修期間中の役割（動画） ●ビジネスマナー理解度テスト（試験） ●なぜビジネスマナーは重要か（質問）
集合研修（対面）	4月 第2週目 （1日）	①できるビジネスパーソンの考え方を理解する ②ビジネスマナーの基本行動を実践してみる ③仕事の進め方を理解する	**社会人としてのマインドセット** ●社会人の基本的な考え方 ●社会人としての役割とは何か **ビジネスマナーの基本** ●身だしなみ、挨拶 ●敬語、電話応対 ●名刺交換 **仕事の進め方と報連相** ●仕事ができる人の基本行動 ●組織コミュニケーション
オンライン学習	4月末まで	①学習した内容を復習したうえで理解度をアウトプットする ②現場での実践計画を作成したうえで提出する	●ビジネス文書・ビジネスメールの基本的な考え方（動画＋討議＋試験） ●ビジネスマナー理解度テスト（第1週目と同じ試験） ●現場での実践計画（アクションプランシート）の作成（課題提出） ●研修アンケートの提出

ルの理解」などを実現しなければなりません。

そこで、集合研修の前に、オンラインでの反転学習を取り入れました。加えて、事前・当日だけでなく、研修後にもオンライン学習を組み込むなど、限られた時間の中でも成果につながるよう、工夫しています。また、この研修のすべての学習、提出物管理、受講者とのやりとりは一括してＵＭＵで行いました。

次のページのコースデザインシートを見てみましょう。

ＬＸＤコンセプトは、「今後困ったときに相談できる仲間がたくさんできた！」「マナーに関しては困ったときに見返す事典があるのでもう安心‼」です。このように、研修を通した人間関係と基本行動の両面からアプローチしています。

ＬＸデザイン（感情曲線）については、新入社員の立場に立ち、「最初に抱くであろう不安」「理解と実践について」「研修後の不安」を想定し、感情曲線を描いています。そのうえで、こうした感情をサポートするコースを設計していきます。

フェーズごとのポイントについても見ていきましょう。

まず、事前学習（オンライン）に関しては、「人に対する不安解消」と「コトに対する不安解消」の両面をフォローしています。動画やディスカッションでコンテンツを提供し、知識テストを実施。また、使用するツールの案内やログインサポートも実施しています。

	学習目標・ 測定方法	社会人には何が必要か自分の言葉で語ることができる。 また最低限の知識レベルはクリアしている。 →事後学習での定性コメント、知識テストでの結果で測定
	LXD コンセプト	今後困ったときに相談できる仲間がたくさんできた！ マナーに関しては困ったときに見返す事典があるのでもう安心!!

	集合研修	事後学習（オンライン）
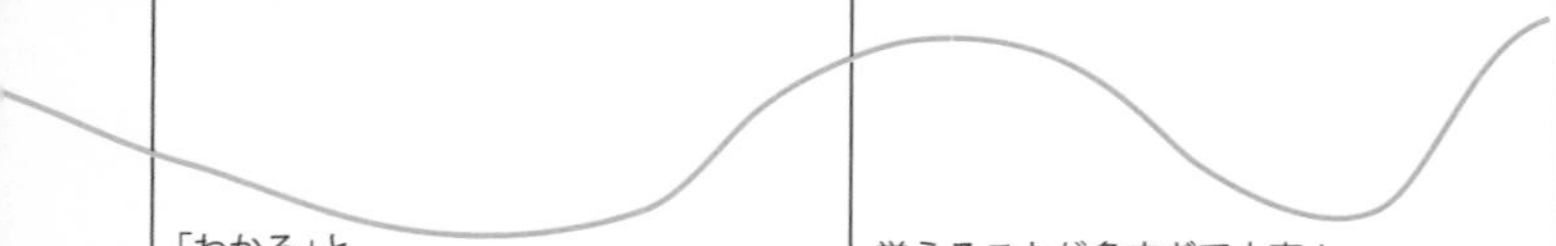	「わかる」と 「できる」は違う！	覚えることが多すぎて大変！ 何から手をつけたらいいのか
	●できるようになるか不安 →習慣化までのステップを明示。実践に対してあるべき姿をフィードバック	●ほかに覚えることもあるので大変 →思い出し見直すための機会提供 →疑問解消のための質問ボックス、コミュニティの準備
	●板書・当日テキストなどをシステム上で見直せるようにアーカイブ	●知識テスト実施（複数受講可） ●現場に行ってみてのリアルな疑問に対する講師のアドバイス ●アクションプランシートの提出（講師コメント・相互フィードバック）
	●20分以上続く討議はなくす。実践、フィードバックを中心としてインタラクティブな設計に	●講師からの動機づけメッセージ動画送付 ●リマインドメールの送信 ●投稿内容への即反応（「いいね！」やコメント）

新入社員研修のコースデザインシート

研修テーマ	新入社員研修（社会人としての意識習得、ビジネスマナー、仕事の進め方の基本行動理解）
ペルソナ	高卒〜大卒。地元出身の人。アルバイト含む仕事経験はさまざま。 知識・スキル・意識にばらつきがある。

フェーズ	事前学習（オンライン）
LXデザイン（感情曲線）	どんな人達が集まるのか？ 自分はついていけるか？ 
	●人に対する不安解消 →講師自己紹介動画、参加者同士の参加目的の共有 ●コトに対する不安解消 →やることの全体像理解、クリアすべき知識レベルを試験で提示
学習効果を高める工夫	●基本知識習得を「動画」「ディスカッション」で提供 ●本研修で習得したい知識テストの実施（実施後、目標や課題認識を投稿）
継続のための仕掛け	【迷わず全員がログインできるように】 ●UMUログイン動画のご案内 ●事業会社人事の巻き込み

事前課題での仕掛けは、次のようなことを意識しています。

- 講師を身近に感じる挨拶動画配信
- 研修で身につける知識を50問のテストで確認
- 参加者同士がお互いのことを知るきっかけになるようなディスカッションの実施
- 研修当日はアウトプットを中心に行えるように、基本知識は動画で提供
- 事前ログインに迷わないような、キャプチャー画面・動画の設置
- 事業会社の人事を巻き込み、一斉ログインの確認
- 研修に対する目標を全員共有できる形で投稿（事前意識の醸成）

次に研修当日ですが、あらかじめ目的を明確にし、内容としては「基本講義」と「ワーク」をセットで実施しています。

具体的な学習事項としては、「社会人としてのマインドセット」「ビジネスマナーの基本」「仕事の進め方と報連相」としています。

研修当日の仕掛けは、次のようなことを意識しています。

新入社員研修の事前課題

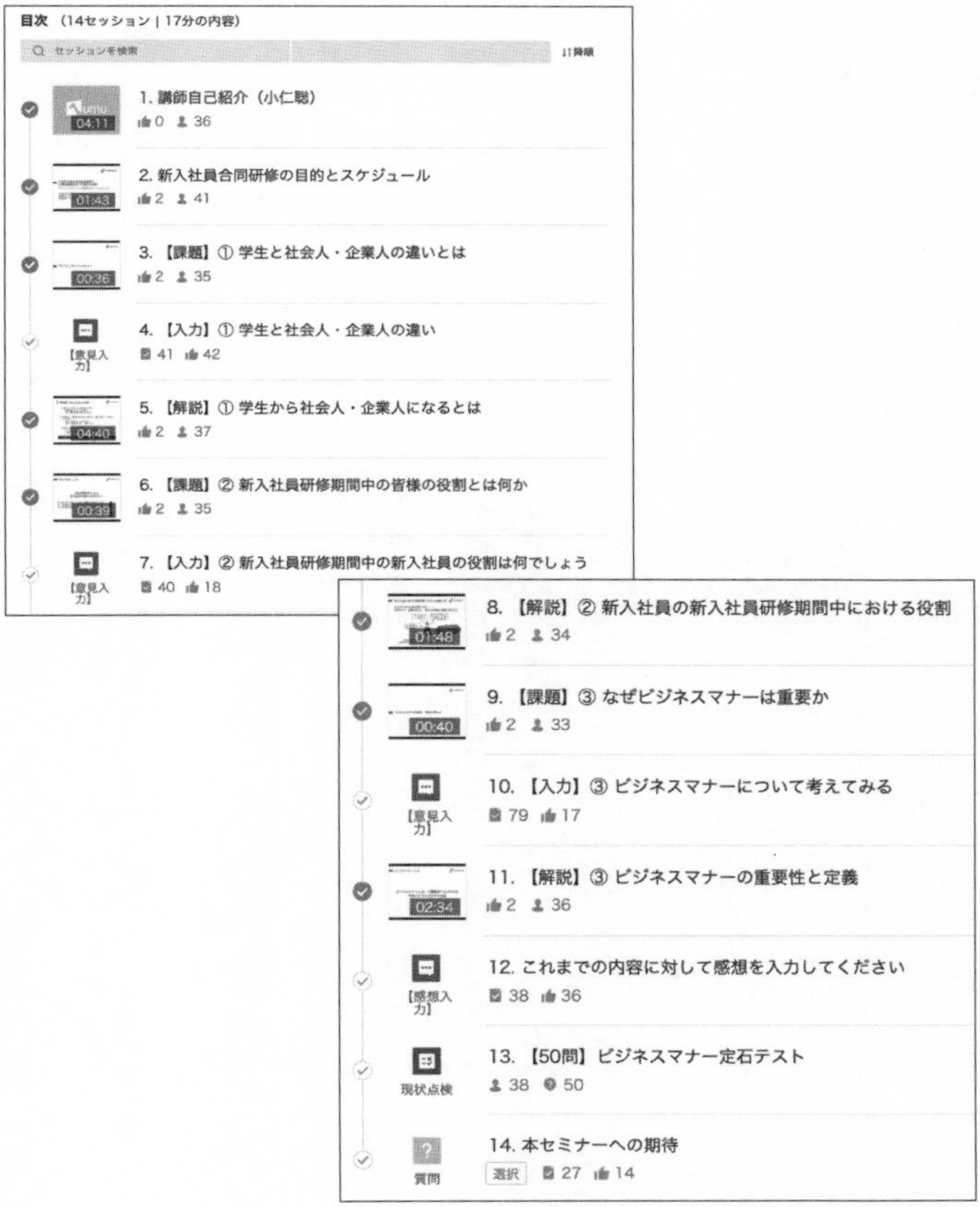

集合研修前の事前課題として、講義動画、事前コメント入力、マナーテストに取り組んでもらった。

- 研修中の資料・ホワイトボードの板書などのアウトプットはすべてアーカイブして復習可能な状態に
- 基本行動の実践動画のアップロード、写真の共有

最後に事後学習（オンライン）ですが、アンケート、アクションプランシートの提出、マナーテストの再受講に加え、ビジネスメールについての講義・演習を実施しています。また、講師からの動機づけメッセージ動画やリマインドメール、投稿内容へのレスポンスも行うなど、事後のフォローにも力を入れています。

研修後の仕掛けは、次のようなことを意識しています。

- 現場での実践に対しての質疑応答
- アクションプランシートをダウンロードして入力した内容をアップロード（同期同士がお互いにコメント・フィードバックし、講師からもコメント）
- 事前に実施した知識50問テストの実施（合格点を設定してくり返し受講できるかたちに）
- 事前・当日・事後コースを各現場の上司・人事が閲覧・確認できるように共有、指導用ツールの配布

集合研修のコンテンツデザイン

目的

①学生から社会人になるにあたって意識を変換させる
②ビジネスにおける基本行動（挨拶、言葉遣い、名刺交換、電話応対）を理解する
③仕事を進めるうえでの基本的なコミュニケーションスタイルを理解する

	基本講義	ワーク
内容	**社会人としてのマインドセット（2時間）** ●学生と社会人の違い ●新入社員研修期間中の新人の役割・成果 ●できるビジネスパーソンの考え方・捉え方	●学生と社会人の違い（グループ討議） ●職場環境づくりにチャレンジする（ワーク） ●社会人の常識（ケーススタディ）
	ビジネスマナーの基本①（2時間） ●なぜビジネスマナーが重要か ●身だしなみ・挨拶の基本 ●言葉遣い	●身だしなみチェック、挨拶訓練（全体演習） ●言葉遣い（敬語トレーニング、ペアワーク）
	ビジネスマナーの基本②（45分） ●電話応対の基本 ●なぜ名刺交換をするのか ●名刺交換のやり方（１対１、複数）	●電話のかけ方・受け方（個人・ペアワーク） ●名刺交換の実践（ペアワーク・3〜4名のワーク）
	仕事の進め方と報連相（2時間） ●仕事ができる人の基本行動 ①ゴール確認、仕事の受け方 ②計画作成、プライオリティ ③主体的に見えるように働く（報連相） ④振り返りと次に向けてのアクションの具体化 ●組織におけるコミュニケーションのポイント	●仕事の進め方（ケース討議） ●学生と社会人のコミュニケーションの違い（グループ討議） ●仕事実践演習（グループワーク）

新入社員研修の事後課題

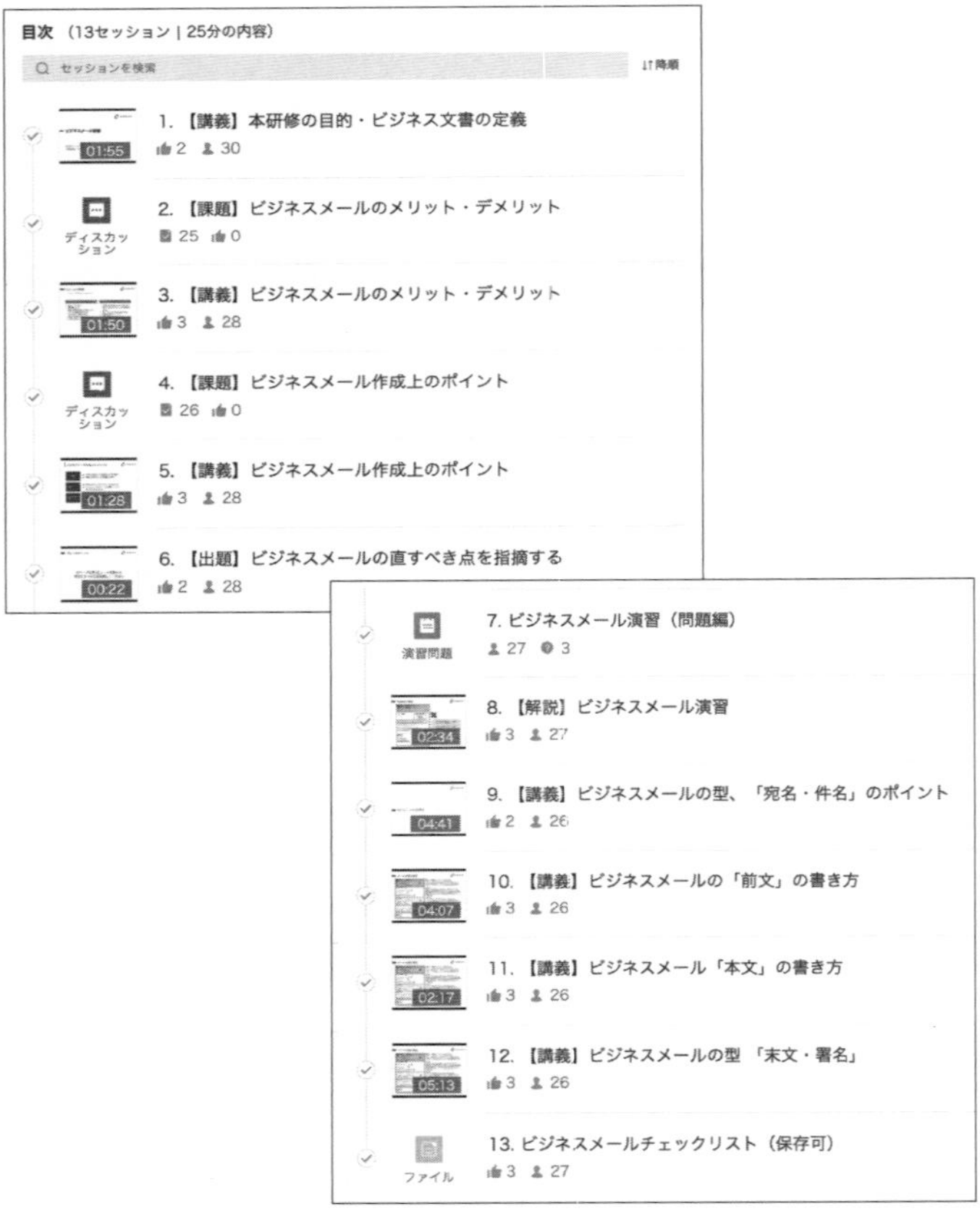

集合研修後の事後課題として、アクションプランシートやテストのほか、ビジネスメールについての講義と演習に取り組んでもらった。

OFO型のブレンディッド・ラーニング設計の事例

ここからは、「OFO型」の実例を見ていきましょう。研修後の定着化に重きを置くのがOFO型のポイントです。

case2

OFO型

互いの強みと弱みを理解するチームビルディング

こちらは、OFO型で実施した「チームビルディング」の事例です。まずは、214〜215ページのコースデザインから確認してみましょう。

研修の方向性としては、アメリカのギャラップ社が開発した人の「強みのもと＝才能」を見つけ出すツール（ストレングスファインダー）を活用した、チームビルディングです。互いの強みと弱みを理解し、チーム一丸となって目標達成を実現することがゴールです。

背景として、環境が変化する中で戦略展開が求められ、これまでのチームマネジメントスタイルでは限界がきていました。そのため、自律的な組織づくりが急務となり、ヒエラルキー型の組織マネジメントではなく、各々のタレントを生かしたチームづくりが求められていたのです。

次に216〜217ページのコースデザインシートを見てみましょう。コースとしては、「①アセスメント受講」「②オンライン学習（反転）」「③集合研修」「④現場実践計画の提出（1回目）」「⑤現場実践の振り返り（2回目）」という設計になります。反転学習に加え、研修前後にオンライン学習が組み込まれています。

LXDコンセプトは「このチーム、実はすごい人材の宝庫だった!!」「このメンバーとなら目標を実現できそうだ！」「このチームをもっと好きになった!!」です。受講者の感情を動かすような内容になっているのがわかります。

LXデザイン（感情曲線）については、各コースで波があり、受講者を飽きさせないように工夫しています。「なんだかおもしろそう」というところからスタートし、不安を解消しながら、少しずつ実践につなげています。

フェーズごとのポイントについては、次の通りです。

まずアセスメント受講（事前課題）では、開始時点で今回の取り組みの全体像を、講師の自己紹介とともに動画で解説しています。オンラインでの学習は時間の確保がカギとなり、人によって差もあるため、どれくらいの時間がかかるのかを明示しています。また、スケジュール帳にいつやるかを記入することで参加を促し、迷いなく受講できるようにスクリーンキャスト（パソコン画面を録画したもの）で受講方法を案内しています。

さらに事務局チームからも、改めて研修受講上のメリットを強調してもらいました。同時に、各職場上司からメンバーへの説明も依頼しています。上司からのアプローチが重要なことは、すでにご説明した通りです。

アセスメント受講（事前課題）とオンライン学習での仕掛けは、次のようなことを意識しています。

- ストレングスファインダー（アセスメント）の受講後に、出力レポートの見方に関する説明動画の配信
- 事前に参加者同士が、テーマに対しての率直な感想や現在での疑問点を共有するディスカッション投稿を実施（フルオープンがポイント）
- 研修受講に対する目標設定も定性情報として閲覧・相互フィードバックできる状態にする（早く入力をしてくれた方には講師からもコメントでフォロー）

■目的：①自分にはない才能の特徴を理解し多様性を実感する
（職場単位での共通言語としてストレングスファインダーの導入）
②個人・チームで成果を出すためにどのように自分の強みを生かし、また弱みを補う（別の強みを持つ人のサポートを求める）のかを理解する
結果としてチーム一丸となって目標達成ができるようになる

集合研修	現場実践①（オンライン学習）	現場実践②（オンライン学習）
9月中旬	9月下旬〜10月上旬 （2週間）	10月上旬〜10月下旬 （2週間）
①職場単位でグループになり、互いの才能を知る ②現場でどのように活用していくかについて討議・アウトプット	①各才能（資質）についての理解を深める ②職場チームメンバーに具体的にどのように関わるかを目標設定	①現場実践の振り返り 実践してみての疑問解消 ②今後、中長期の目標設定
●エンゲージメントの高い組織の特徴 ●強みがどのように生産性に影響するか ●ストレングスファインダーとは ●チームグリッドを活用してチームの課題解決に「強み」を生かす ●チーム単位でのアクションプランシートの作成	**才能（資質）理解追加講義** ●34の資質の説明動画を視聴 ●資質別効果的な関わり方の学習 上記2点にもとづいて特定の個人への関わり合いを目標設定 ※すべてオープンなやりとりの場をつくり、学び合いを促進	**現場実践の振り返り** ●現場実践の振り返り （うまくいったこと／うまくいかなかったこと／今後の課題／次に何をするか？） ●簡易エンゲージメント診断の振り返り **投稿に対しての講師コメント・質問への回答** ●全体総括のアンケートを実施

チームビルディング研修のコースデザイン

実施概要

■期間：8月～11月（約4か月間）
■対象者：6つの職場から30名
■グループ編成：職場単位

	アセスメント受講	オンライン学習
期間	8月上旬～8月中旬	8月下旬～9月中旬 （3週間）
目的	①チームビルディング研修の全体像を理解 ②ストレングスファインダーの受講	①ストレングスファインダーに関する事前知識の習得 ②エンゲージメントの状態を点検・目標設定
学習項目	●チームビルディング研修全体に関する説明 ●アセスメント受講の案内 ※ストレングスファインダー受講 →レポート出力	**ストレングスファインダー基本講座** ●何がわかるか？ ●レポートの見方 ●自分自身のレポートの分析 ※動画＋ディスカッション＋アンケート＋試験などの組み合わせで実施 **エンゲージメント診断** ●簡易診断を通じて、自分自身とチームの状態を把握

※「ストレングスファインダー」は現在「クリフトンストレングス・テスト」と呼ばれている。

学習目標・ 測定方法	チーム目標に対して互いの役割分担（期待役割含む）が明確になっている。 簡易エンゲージメント診断の事前・事後で変化を実感できている。
LXD コンセプト	このチーム、実はすごい人材の宝庫だった!! このメンバーとなら目標を実現できそうだ！ このチームをもっと好きになった!!

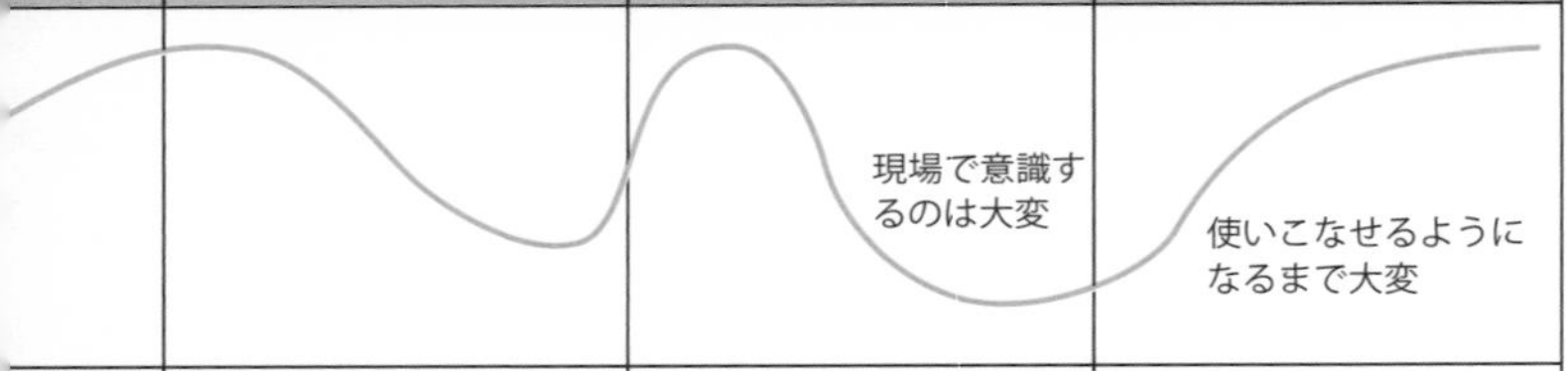

現場で意識するのは大変
使いこなせるようになるまで大変

	集合研修	現場実践①（オンライン学習）	現場実践②（オンライン学習）
	●また仕事の話中心になってしまうかな？ →いつもと違う場所で普段聞けない話が聞けた！	●日々意識できるかな？ →チームミーティングでネタにできるような資質動画の提供	●使いこなせていないけど大丈夫かな？ →本質は相互関心の強化。ステップの提示
	●開放的なオープンスペースを会場として確保して職場単位に着座 ●事前課題結果を表示しながら理解を深耕 ●パーソナルエピソードが出るような工夫	●アクションプランシートをUMU上に公開（学び合い促進） ●Job Aidsの提供	●現場での実践の振り返りを全体共有（縦・横・斜めの学び合い） ●エンゲージメント診断の再実施
	●講師への進め方に関するフィードバックをUMUを活用して収集。場を一緒につくり上げる	●実施期間を2週間単位と間延びしない設計に ●リマインドメールの定期的な送信 ●提出に対しての「反応」	●好事例を取り上げ全体共有 ●オンライン上に質疑応答可能なコミュニティを設置 →質問には講師が回答

チームビルディング研修のコースデザインシート

研修テーマ	チームビルディング（リーダーシップ開発）
ペルソナ	専門職の集団。 年齢は20～50代と幅広く、仕事以外の会話はあまりない。

フェーズ	アセスメント受講	オンライン学習
LXデザイン（感情曲線）	なんだかおもしろそう どう使うんだろう？	課題が多くて大変
	●受講後関心の高い人は、すぐに学習できるように、オンライン学習をセットで配信	●課題が多くて大変そう →ひとつの動画は短く。隙間時間を積み重ねてできる設計に
学習効果を高める工夫	●講師自己紹介・事務局からの主旨説明を動画で配信 ●受講方法をスクリーンキャストで案内	●ストレングスファインダーの基本講義の提供 ●アセスメント結果の感想共有、ディスカッション ●全員の目標設定もオープンに共有
継続のための仕掛け	●所要時間を明示して、スケジュール帳にこの段階で学習時間を記入するように工夫	●受講方法動画のご案内 ●早めに投稿にしてくれた人には講師より「いいね！」とコメントの提供

研修当日は、普段とは違ってカジュアルで開放的な雰囲気になるように配慮しました。具体的には、開かれたスペースにすべてデザインの違うテーブルを用意し、職場単位で座るよう工夫しました。また、事前学習結果を投影スライドに表示し、互いの状態を視覚的にも理解できるようにしています。

そのほかにも、研修途中に講師の研修の進め方に対してフィードバックをもらい（進め方のスピード、難易度、要望など）、後半の実施方法について合意を得ながら進めています。その際には、スマホを活用して投票・結果表示を行っています。

研修当日の仕掛けは、次のようなことを意識しています。

- 職場ではわからない互いの知られざるエピソードが出てくるような問いかけおよび対話のテーマ設定
- 職場単位で全員の強みが閲覧できるシートを作成・配布

最後に研修後の仕掛けとして、各チームのアクションプランシートをアップロードし、目標設定などが見られる状態にしました。そうすることで、互いに学ぶことができる環境

チームビルディング研修の事前課題

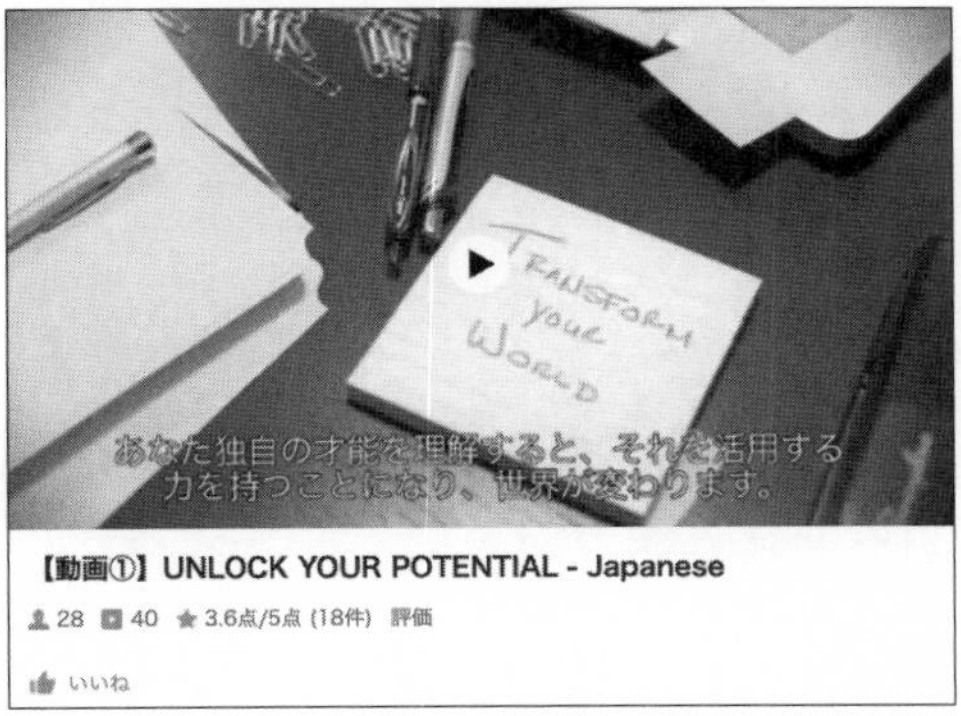

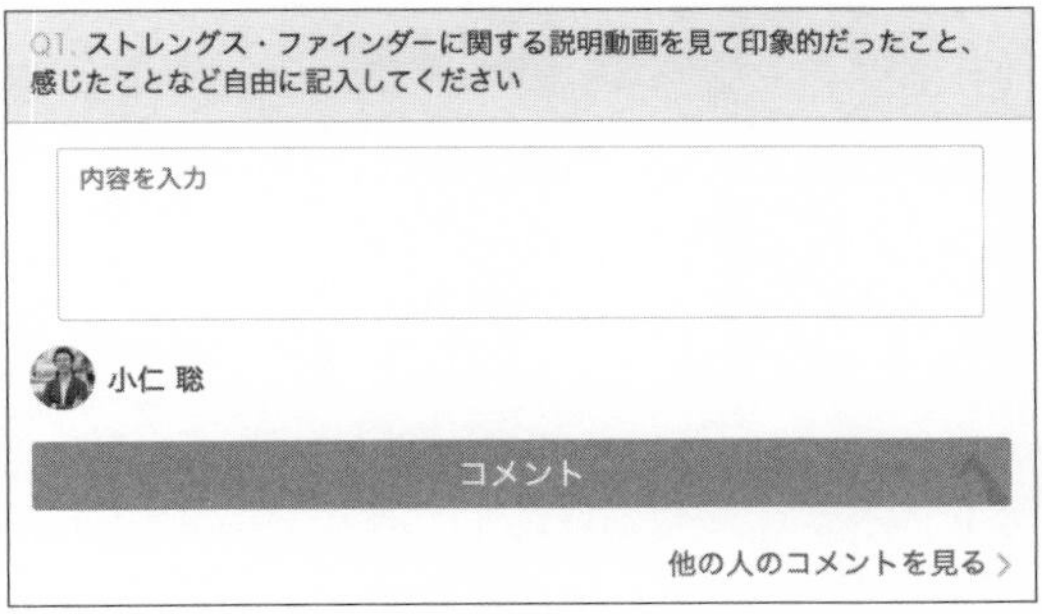

ストレングスファインダーに関する動画を見て学習したあとに、感想を共有して学びを深めてもらった。

を構築しています。

また、現場実践に向けて、多くのJob Aids（仕事中に研修内容を見返せるツール）を提供。34の資質理解を深める個人学習動画や、資質別の関わり方リストも配布しました。

現場での実践を振り返り「うまくいったこと」「課題」「今後の目標設定」に対し、講師からのコメントを提供しつつ、相互フィードバックも促進しています。投稿にはできるだけ即時ですべて「いいね！」をつけました。

研修後の仕掛けは、次のようなことを意識しています。

- 実施期間の単位を2週間で設定することで、間延びしない現実的な設計に落とし込み
- リマインドメールの定期的な送信
- UMU上に質疑応答の投稿先を用意することで、相談できるコミュニティを研修修了までの間、用意
- 事前・事後を確認するためのエンゲージメント診断の提供と実施

ブレンド型のブレンディッド・ラーニング設計の事例

続いて、「オフライン研修」「オンライン研修」「オンライン学習」「職場実践」を組み合わせたブレンド型の設計について、実例を見ていきましょう。

case3

ブレンド型

管理職を育てるためのリーダー研修

こちらは、ブレンド型で実施した「リーダー研修」の事例です。

最初に、222〜223ページのコースデザインを確認してみましょう。

対象者は管理職候補者40名です。オリエンテーションを含むオンライン研修が2回、オンライン自己学習（eラーニング）は3回、オフラインの集合研修は1回、最後にラップアップ（まとめ）として成果確認と目標設定を実施します（現場での実践報告、課題の提出）。

■目的：段階的な意識づけ。スキル・知識付与の一環として、
リーダーに求められる「コミュニケーション力」「コーチング」を習得する。

現場実践× 自己学習② （オンライン学習） （90分）	現場実践× 自己学習③ （オンライン学習） （90分）	オンライン研修 （3時間）	ラップアップ自己学習 （1時間）
11月中旬	12月中旬	1月中旬	2月中旬
①育成プラン実践・振り返り ②DiSC活用の理解を深める	①育成プラン実践・振り返り ②ティーチング・コーチング基礎理解	①ティーチング・コーチングスキル応用 ②現場実践の相互フィードバック	①リーダー研修の旅の成果確認 ②翌年度に向けての目標設定
●現場実践の振り返りの共有と相互フィードバック ●DiSCスタイル別コミュニケーションのとり方 ●スタイル別指導のケーススタディ	●現場実践の振り返りの共有と相互フィードバック ●ティーチングのスキル理解 ●コーチングのスキル理解	●スキル活用のロールプレイング ●現場実践の共有 ●リアル課題解決に対する相互コーチングセッション	●現場実践の最終レポート提出 →リーダーとしての振り返り →周囲のメンバーの変化 →今後目指したい理想のリーダー像

リーダー研修のコースデザイン

実施概要

■期間：9月～翌年2月
■対象者：管理職候補者40名

	アセスメント受講（30分）	オリエンテーション（オンライン研修）（30分）	自己学習①（オンライン学習）（90分）	集合研修（3時間）
期間	9月上旬	10月上旬	10月上旬	10月下旬
目的	アセスメントの事前実施	①研修実施への動機づけ ②UMUへのログイン	①リーダーの伝える力・動機づけ力 ②DiSC基礎知識理解	①自己学習内容の共有 ②DiSC診断の活用方法の理解
学習項目	DiSCスタイル診断のアセスメント受講と概要理解	①リーダーに求められる役割 ②現状の課題認識 ③全体像理解	●上司との事前面談 ●リーダーの役割確認 ●リーダーとしてのあり方と動機づけ ●リーダーとしての伝え方	●自己学習を踏まえた実践演習 ●DiSCスタイルについての理解を深める ●現場での育成プランの作成（計画づくり）

※DiSCは人のコミュニケーション特性を明らかにするアセスメントツールのこと。
※2020年度は集合研修をオンラインに変更して実施。

学習目標・測定方法	アクションレコード（メンバーに対しての指導計画を書くシート）を振り返った際に、定性情報で相手の反応が変わったことを全員が最低ひとつは記載している状態
LXD コンセプト	人っておもしろい!!　相手のことを知れば知るほど反応が変わる!!　自分らしいリーダーシップの発揮の仕方がわかって自信につながった!!

集合研修	現場実践×自己学習②③（オンライン学習）	オンライン研修	ラップアップ自己学習
3時間／10月下旬	90分／3週間×2回	3時間／1月中旬	1時間／3週間
	実践が難しい	この調子でよいかな？	前進したかな？
●短い時間でどこまで理解できるか？ →グループワーク中心で楽しい。自己学習の内容がつながった	●なかなかうまくいかない。DiSCは難しい →寄り添い、悩みにすべてコメント	●この調子でいいのかな？ →ほかの人もがんばっているな、自分もがんばろう	●成長できたかな？ →自信を持ってできるようになったものがひとつはある！
●オンラインの相互フィードバック促進のためしっかりとチームビルディング（DiSC共有）	●職場での実践が一番学びになる素材。講師コメント、相互アドバイス ●ジャストインタイムの追加講義	●現場で発揮して使えるようになるための討議を中心に提供（ベストプラクティス共有）	●研修前後での思考・行動の変化を言語化させるアクションプランシート
●集中力が継続するよう、ペアワークやグループワークを行い、スマホでのアンケート・試験などのインタラクション機能も活用	●質問にはすべて回答 ●現場での実践計画・実施結果へのアドバイス	●がんばっている人のランキングを発表	●成長を全員で祝う

リーダー研修のコースデザインシート

研修テーマ	リーダー研修（人材育成・コミュニケーション）
ペルソナ	30代半ば〜40代半ば。オンラインに慣れていない層。 人によっては後輩なし。

フェーズ	アセスメント受講	オリエンテーション （オンライン研修）	自己学習① （オンライン学習）
時間	30分／9月中旬	30分／10月上旬	90分／3週間
LXデザイン （感情曲線）	なんだかおもしろそう どう使うんだろう？	オンライン大丈夫？	課題が多くて大変
	●早く結果が見たい →即ダウンロード可能な設定に	●オンラインでの受講がうまくいくかな？ →操作方法の懸念点を解消	●多くて大変そう →マイクロコンテンツで隙間時間も学習可能に
学習効果を高める工夫	●講師の自己紹介と事務局からの主旨説明を動画で配信 ●受講方法をスクリーンキャスト	●Zoom操作の確認・練習 ●確実にUMUにログインしてもらい、自己学習の受講方法を案内	●ディスカッションを中心にアウトプットを設計 ●段階的に積み上がる設計
継続のための仕掛け	●所要時間を明示しスケジュールに組み込んでもらう	●離脱しないように操作説明を確実に落とし込む ●疑問解消の対話	●早く取り組んだ人には「いいね！」 ●メールでのリマインド

研修の背景は、「管理職になるための準備」で、テーマは「人材育成」です。参加者全員に後輩がいるわけではないのですが、周囲に影響力を発揮するという観点で、後輩がいない場合は同僚や上司を対象に取り組んでもらいました。

目標は、段階的な意識づけ、スキル・知識付与の一貫としてリーダーに求められる「コミュニケーション力」「コーチング」を習得することとなります。224〜225ページのコースデザインシートも確認してみましょう。

LXデザイン（感情曲線）をもとに、忙しい中でも無理なく自己学習に取り組めるよう、学習パーツを分解しています。またスケジューリングしやすいような支援、操作方法でつまずかないための取り組みも盛り込んでいます。

さらに、ジャストインタイムでの情報提供をするために、1回目の実践のあとの質問にはすべて回答し、展開しています。

学習効果を高めるための取り組みとしては、職場学習を中心に据えています。現場での指導を実施し、うまくいったこと、課題、次にやってみることを題材にしながら、講師のアドバイス、受講生同士のアドバイスを得られるようにしています。

また、互いの取り組みを見える化し、学び合えるように設計にし、講師からは、計画や実践のすべてに個別でコメントをしています。

使用したツール（DiSC）の理解などについては、自己学習の中で試験を盛り込んで定着を促進。加えて、動画を見てのケーススタディなど、受講生同士が状況に応じた対応方法の引き出し、日常の工夫を共有できる機会を意図的に設けています。

そのうえで、参加者同士のネットワークが強化されるよう、DiSCスタイルを意識したチーム編成や、互いのスタイルが常にわかるように氏名の前にスタイル名を追記するなどの工夫も取り入れています。

継続するための仕掛けとしては、離脱者が出ないように、最初にZoomのログインテストを行っています。また、使用するツールの操作を確認するオリエンテーションを実施。自己学習を確実に遂行できるよう、所要時間の明確化を行い、スケジュール帳で計画を立てるところまでをアナウンスしています。

また、日常のオンライン学習で投稿があった際は、「いいね！」含む反応を随時投稿。早く提出した人にはコメントアドバイスなどの特典を実施し、モチベーションを高めています。

3時間のワークショップでは、アウトプットの機会を15分に一度は入れることで、飽きのこない学習設計を意識しました。継続性の観点からは、定期的なメールでのリマインドを実施し、続けてもらう工夫をしています。

フルスクラッチ型のブレンディッド・ラーニング設計の事例

最後にもうひとつ、フルスクラッチ型の設計について、「ブレンディッド・ラーニング・ファシリテーター養成講座」の事例で説明します。

case4

フルスクラッチ型

ブレンディッド・ラーニング・ファシリテーター養成講座

「ブレンディッド・ラーニング・ファシリテーター養成講座」については、第2章のコラムでも簡単に紹介していますので、ここでは、設計部分を中心に解説していきます。

研修の対象者は、ブレンディッド・ラーニングを学びたいと考えている企業の人材開発担当者やプロ講師、トレーナーなどです。目的は次の2点となります。

ブレンディッド・ラーニング・ファシリテーター養成講座

目的
1. これからの時代の新しい学び方のひとつであるブレンディッド・ラーニングについて考える
2. 学習設計に関するさまざまな考え方を学び、実際にブレンディッド・ラーニングのコースを作成する

	概　要	成果物	
事前学習	・受講にあたって　・新時代の学び方 ・ブレンディッド・ラーニングとは ・UMUのプラットフォームの使い方		
集合研修① (9:30-17:30)	・基本理論学習　・マイクロラーニング ・コース作成ワークショップ ・LXデザイン	【グループワーク】ブレンディッド・ラーニングのコースデザイン（保険会社のケース）	【個人ワーク】自分がデリバリーするリアルな研修のコースデザイン
自己学習①	・ビデオ撮影テクニック ・新時代の研修効果測定		
オンライン① (19:00-20:00)	・自己学習の振り返りと共有 ・ケーススタディ		
自己学習②	・学習効果を高める仕組み ・習慣化のアプローチ		
オンライン② (19:00-20:00)	・自己学習の振り返りと共有 ・ケーススタディ		
自己学習③	・学習継続のアイデア ・トリガーという考え方		
オンライン③ (19:00-20:00)	・自己学習の振り返りと共有 ・個人コース作成のご案内		
自己学習④	・企業事例から学ぶ ・個人リアルコースの設計準備		
集合研修② (9:30-17:30)	・アダプティブ・ラーニング　・著作権法の考え方 ・ケーススタディまとめ ・個人コースデザインのブラッシュアップ		
課題提出	・コース設計書の提出 ・講師フィードバック		

❶これからの時代の新しい学び方のひとつ「ブレンディッド・ラーニング」について考える

❷学習設計に関するさまざまな考え方を学び、実際にブレンディッド・ラーニングのコースを作成（アウトプット）する

研修期間は3か月で、形式としては「①オンライン学習」「②オンライン対話会」「③オフラインの集合研修」を組み合わせて実施しています。コースの全体像を見てみましょう。各セッションの特徴は次の通りです。

❶オンライン学習：UMUを使った動画・ディスカッション・試験を組み合わせた双方向性のある内容

❷オンライン研修（同期）：事前に基本知識を学習して、コメントもアウトプットした状態で参加。グループ討議をメインとして、互いの工夫を共有する場にする

❸集合研修（オフライン）：グループ討議を中心に、チームでケーススタディの実施（オンラインで行う場合はブレイクアウトルーム機能を利用）。アジャイルにコース開発に取り組む

また、オンラインの場合はパーソルなやりとりができるように「お茶の時間」を設けて、

養成講座の学習項目

ブレンディッド・ラーニングの基本	・VUCA時代の学び方 ・人材開発担当者の役割の変化 ・なぜブレンディッド・ラーニングか ・ブレンディッド・ラーニングのモデル ・学習スタイルの多様性
学習設計	・インストラクショナル・デザインの基本と概念 →成人学習学 →インストラクショナル・デザイン →アジャイル開発 ・マイクロラーニング ・学習者中心のコースデザイン（LXデザイン） ・研修効果測定 ・効果を最大化する学習設計 ・学習を継続させるためのアイデア ・学習環境の設計とラーニング・パターン ・学習におけるテクノロジーの活用（AI） ・アダプティブ・ラーニング ・著作権法の考え方
ファシリテーションスキル	・ILT（Instructor Led Training：講師による集合研修）におけるデジタル活用 ・ウェビナーにおけるファシリテーション
実践	・ケーススタディ（保険会社のケース） ・参加者同士の事例共有 ・世の中の優良事例からの学習 ・個人単位でのブレンド型コースの作成

テーマ設定された部屋を自由に行き来しながら交流を深めていきます。

ＬＸＤコンセプトは、「テクノロジーを取り入れたブレンド型学習を自分も早くやってみたい!!」「学びをよりよくしたいという人たちとつながることができ、これからが楽しみになった！」「とにかく刺激的!!」です。

ＬＸデザイン（感情曲線）としては、コンテンツ作成のワークショップを通じて、わずか1時間でも、手を動かしながらコースがつくれることを体験してもらいます。ここでは、楽しんでもらうのがポイントです。

また複雑な内容も含まれるため、理論を覚えるというよりも、レガシーになるような印象づけと体験をひとつでも得てもらえるようにしています。正解を身につける場ではなく、引き出しを増やす機会としてのセミナーであるとの理解を促します。

学習効果を高めるための工夫については、基本的な知識をすべて動画で提供し、復習可能な状態にしています。またオンライン上のディスカッションも、互いの知見を共有できる問いで設計し、自分たちで調べたり、実践したりしていることを持ち寄り、講座の品質を高めています。

テクノロジーに関しては、まず触って慣れることが大切です。そのためアジャイルに短時間でコースを作成するなど、成功体験を盛り込んでいます。そのほかにも、「生放送体験」

や「ＡＩコーチング体験」なども実施してもらいます。

終日行うオフライン研修の中では、ＵＭＵを活用したインタラクションで、講師の進め方・難易度に関するフィードバックを受講生から収集し、アダプティブに対応しています。講師・受講生同士のフィードバックの質が学びに影響するため、講師によるフィードバックの実践、フィードバックのコツをオンライン対話会の中で案内し、相互のやりとりを促進しています。

最終成果物である個人の学習デザインについては、ファシリテーター陣から個別にフィードバックしました。加えて、全体傾向を動画撮影したコンテンツにして追加配信もしています。

次に、継続するための仕掛けとしては、研修受講後にカスタマイズされたメールを作成・配信。オンライン対話会のタイミングでは、とくにがんばっている人をポイントランキングで表彰しています。完了だけでなく、サポートポイントが高い人にも焦点を当てています。

また、参加者同士のネットワーク強化のための自己紹介動画の投稿や、グループ単位で「チーム名」「期間中の連絡手段共有」「ルール設定」などを実施。ラーニングリーダーを設置し、ＬＩＮＥで互いに声がけもしています。

終日の研修では、意識的に余白時間を設計（例：お茶の時間など）。ＵＭＵのアプリをインストールしてもらい、自身の投稿に対して反応などがあった場合は通知がいくように設定し、意識づけをしています。

さらに学習所要時間を案内することで、スケジュール帳に自己学習を組み込んでもらえるようにはたらきかけつつ、さらに学びたい人のために任意で受講できるコースを複数設置しています（例：学習設計理論・対面型集合研修で双方向性を高めるといったブレンド型ファシリテーション、ウェビナーでのファシリテーション技術など）。

第７章のディスカッションページ

こちらのＱＲコードから、ＵＭＵ上に設定された本書のディスカッションページへお入りください。第７章に関する読者のみなさまの気づきや学びをアウトプットし、学びをブレンドしていただけます。より深い学びのために、ぜひご活用ください。

第8章

未来の人材育成はどうあるべきか

これからの企業内研修における
HRの役割は？

ラーニング・エコシステムで「学びの文化」をつくる

最終章となる第8章では、ここまでのお話を踏まえ、未来の人材教育について考えていきます。時代が移り変わることで、ブレンディッド・ラーニングの考え方を取り入れた企業内研修、およびそれをテクノロジーで実装することは急務になりました。では今後については、さらにどのような変化が生じると考えられるでしょうか。

まずは「HR（人材育成担当者）の役割」について見ていきましょう。

学習の重要性についてはこれまでにも述べてきましたが、それをパフォーマンスに結びつけていくには、「戦略人事」という考え方がポイントになります。戦略人事とはつまり、人事、学習を手段として経営戦略を実行するということです。

ここで、あらためて学習の必要性を確認しましょう。以下、４つの観点があります。

1. 学習は多様化する仕事へのシフトを可能にし、成果を出せる人を育てる（「知っている」だけでなく「できる」ようにする）
2. 学習は戦略実行のドライバーになる（ビジョンを伝え、対話、腹落ちして確実に実行してもらう）
3. 学習は変化に対応し、イノベーションを生み出す（イノベーションは人との対話や異業種からの学びにより生み出される）
4. 学習は従業員のエンゲージメントを高める（日々の仕事における成長実感、個別ニーズに対応した学習機会の提供やキャリア開発）

これら４つの観点から、ラーニング・ストラテジー（学習戦略）を構築・実行していくことがＨＲの役割です。そのための具体的な施策となるのが、「ラーニング・エコシステム」の構築です。ラーニング・エコシステムとは、「学びの場（コミュニティ）」「仕事の中での学び」「新しいスキルを試す場所」「ナレッジサポート」、そしてそれらをつなぐ「学習者の自律学習を支えるガイド（Pathways）」など、複数の学びを統合し、「ワークフロー」の中で学ぶ仕組みのことです。

ラーニング・エコシステム

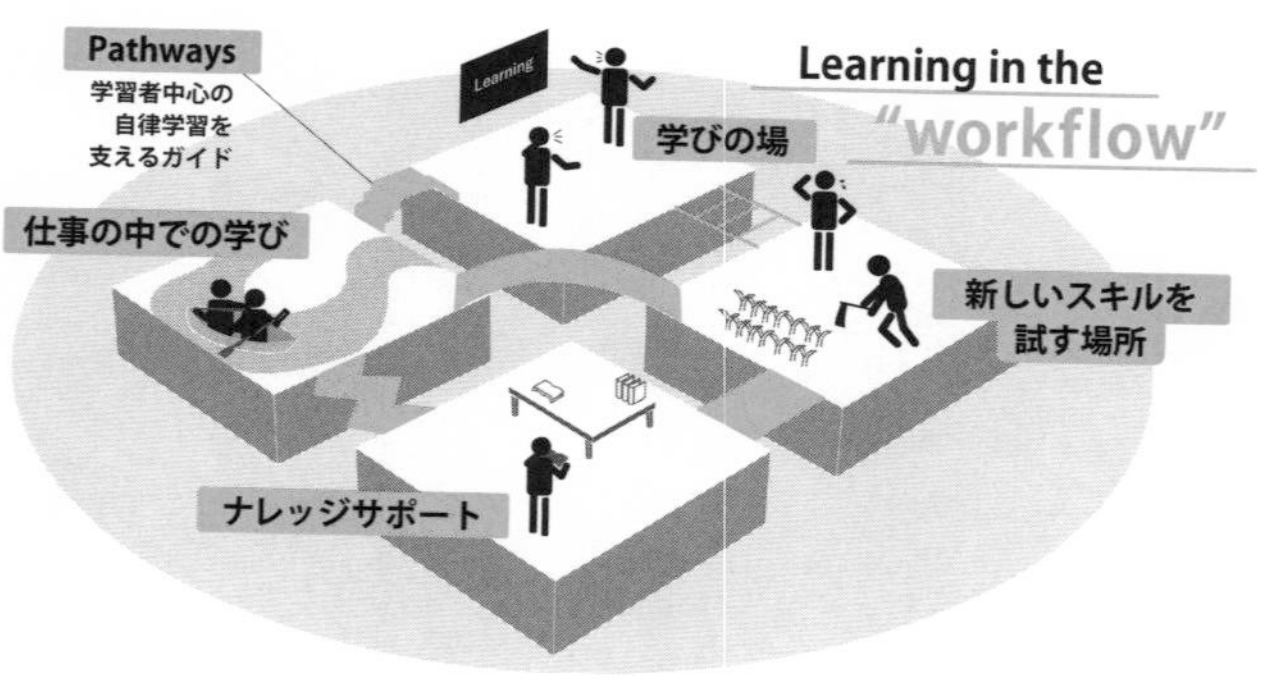

出典：Sprout Labの図版をもとに作成

研修などの学びの場を用意するだけでなく、仕事の中での学びや、新しいスキルを試す場所、必要に応じた知識のサポートまでをフォローするエコシステム（生態系）を構築する。

ＨＲは今後、このようなラーニング・エコシステムを社内に整備していかなければなりません。これまでのように、年間スケジュールに従っていつ研修を行うかを計画し、計画通りに実施することだけが仕事ではなくなります。

上の図を見ていただくとわかるように、「ラーニング・エコシステム」は、環境を整備することで全員が積極的に学べる仕組みです。フォーマル・ラーニングだけでなく、インフォーマル・ラーニング（日常の学び）を自然なかたちで組み込んでいるのがポイントです。このように学びの文化を醸成していくと、ＨＲと企業戦略が結びつき、高い生産性と競争力を誇る未来の組織が生まれます。

これからのHR人材に求められるもの

ATD（Association for Talent Development）では、2019年にHRに求められる能力として新たな「ケイパビリティモデル」を発表しました。

それまで採用されていたのは2013年に発表された「コンピテンシーモデル」でしたが、これは「コンピテンシー（行動特性）」をテーマにしており、「現在の課題に対処する」という方針でした。しかし新しいモデルでは、未来志向を含む「ケイパビリティ（能力、才能、手腕）」という言葉を用いるなど、**時代の変化と将来課題の予測、それらに対する柔軟な対応**を重視しています。具体的には、より対話を重視しており、ビジネスに対するインパクトや深い洞察、幅広くテクノロジーを応用できるスキルの習得が求められ、以前よりも社内巻き込みを含むリーダーシップが重視されています。3領域23のケイパビリティの全体像は次の通りです。これらの要素をご自身が持っているか確認してみてください。

▽個人としての能力の構築

● コミュニケーション

- 感情知性（EI）と意思決定
- コラボレーションとリーダーシップ
- 文化に対する意識とインクルージョン（文化を意識し、多様性を受け入れるインクルーシブな職場環境をつくる）
- プロジェクト管理
- コンプライアンスと倫理的行動
- 生涯学習

▽**プロフェッショナルとしての能力の構築**

- 学習の科学
- インストラクショナルデザイン（ニーズの評価、プロセスのデザイン、教材の開発、効果の評価）
- トレーニングの提供とファシリテーション
- テクノロジーの適用
- ナレッジマネジメント
- キャリア・リーダーシップ開発
- コーチング

- インパクトの評価（人材開発プログラムのインパクトを評価する）

▽組織としての能力へのインパクト

- ビジネスインサイト（ビジネスに影響を与える主要な要因を理解する）
- コンサルティングおよびビジネスパートナーシップの構築
- 組織開発と文化
- 人材開発戦略とマネジメント
- パフォーマンス・インプルーブメント（従業員のパフォーマンスを改善して組織の目的を達成）
- チェンジマネジメント（組織を変革させる能力）
- データとアナリティクス（人材開発に関するデータやアナリティクスから得られる意味のある洞察を見極める能力）
- 将来への備え

こうした能力を身につけてこそ、未来の変化に対応することができます。ＡＴＤのウェブサイト（td.org/capability-model）でこれらの能力の自己診断ができますので、人材開発に携わる人は、どの能力を強化すればよいかチェックしてみることをおすすめします。

トレーニング・プラットフォームからラーニング・プラットフォームへ

多様な機能がひとつに統合されたプラットフォーム

ＨＲの実務においては、今後、どのようなテクノロジーツールを選択して学習を成果に結びつけていくのかが大きな課題となります。

そのときに、さまざまなツールを比較検討し、強みに応じて複数のツールを使い分けたいと考える人もいるでしょう。もちろんそれでもいいのですが、利便性や効率性を考えると、必要な機能が統合されており、かつ発展性や柔軟性に優れているものが望ましいです。

そこでおすすめなのが、「ラーニング・プラットフォーム」の活用です。ラーニング・プラットフォームは、ＬＭＳのような管理ツールや、eラーニングのような一方通行の学習ツールである「トレーニング・プラットフォーム」とは異なり、対話や相互学習を含む総合的な学びの場を提供するシステムです。この2つは、「学習を管理すること」が目的か、「成果を出すこと」が目的か、という違いがあります。

デバイスの普及や通信環境の拡充など、テクノロジーの進化とともにインフラが整備されていくのに従い、ブレンディッド・ラーニングをはじめとするより効果の高い学びを提供するには、ラーニング・プラットフォームが適していると言えます。

では、どのようなラーニング・プラットフォームがよいのでしょうか。今後、求められるラーニング・プラットフォームの要件は次の通りです。

まず、必要なときに必要な学びに手軽にアクセスできること、また全社員が簡単にコンテンツを作成し、相互に編集、配信できることが重要です。これはつまり**「マイクロラーニング」**に対応しているということです。社内外のコンテンツを活用した**「コンテンツ・キュレーション」**も必要でしょう。

次に、成果（マインド変化や行動変容も含む）につながる学習デザインが可能かどうか、つまり**「パフォーマンス・ラーニング」**が実現できるかどうかも重要です。

当然、本書のメインテーマでもある**「ブレンディッド・ラーニング」**への対応は不可欠です。オンライン・オフライン、同期・非同期、一方向・双方向などさまざまな要素を組み合わせた学習を提供します。

また、**成果につながる学習デザインを、複数のシステムを行き来しなくてもシームレスに提供できる**ことも重視したいポイントです。

最後に、これまでにも何度か述べてきた**「インフォーマル・ラーニング」**への対応も欠かせません。公式の学習だけでなく、日常の学びまでひとつのプラットフォームに組み込めることが必須になります。

以上のような6つの要件に加えて、使いやすさ（学習者、講師、人事担当者にとって）、汎用性、互換性、情報共有のしやすさなどを含めて、ラーニング・プラットフォームを選定することが大切です。

ラーニング・プラットフォーム導入後の手順

導入したラーニング・プラットフォームは、以下のような手順で活用していきます。

1. ラーニング・ストラテジーを立てる（ラーニング・エコシステムをどのようにつくるか）
2. 必要と思われるコンテンツを集め、作成する
3. 必要とされる対象者がアクセスできるような仕掛けと仕組みを検討・導入する

4 学習データにもとづき、課題を洗い出し、次の施策に活用するＰＤＣＡを回していく

▽ラーニング・ストラテジーを立てる

まずは、ラーニング・ストラテジーを立てます。前項で説明したように、経営戦略の実行に際し、人事を手段としてどう位置づけるかがポイントです。どのようなラーニング・エコシステムをつくるかを考え、そのうえで、ラーニング・プラットフォームをどう使うのかを検討します。

▽コンテンツを集める

次に、コンテンツの収集です。「学びの場」「新しいスキルを試す場所」「ナレッジ・サポート」を用意するために、自社内に眠っている資産を発掘したりコンテンツ化したりしつつ、あわせてその道に詳しい人である「現場ＳＭＥ（Subject Matter Expert）」を探します。

コンテンツを作成する方法として、有効かつ手軽なのは、若手に先輩社員へのインタビューをさせることです。この方法なら、若手に先輩の話を聞いて学んでもらいながら、コンテンツを作成できます。またラーニングサークルなど、社内外の専門家たちが日々の学び・気づきをカジュアルに投稿できる仕組みを使って発信することも大事です。

世の中にある良質のコンテンツのキュレーションも行います。たとえばYouTubeの動画も、許可を取れば使えるものもありますし、「クリエイティブ・コモンズ」で自由に使えるものもあります。新聞記事・論文のリンク、引用、YouTubeのラーニング・プラットフォームへの埋め込みなども有効です。

社内でそろえるのが容易ではない特殊な領域に関しては、研修会社に依頼したり、eラーニングベンダーのコンテンツをレンタルしたりすることも検討しましょう。

▽アクセスできるような仕掛けをする

次に、学習者が定期的にプラットフォームにアクセスする仕掛けと仕組みを検討し、導入します。それらの仕掛けをラーニング・プラットフォームに設置し、学習者が見に行く導線を設計するのです。具体的な仕掛けとしては、次のような工夫が挙げられます。

- 経営スケジュールと同期させる
- 社内イベントやミーティングの記録としてアーカイブ
- 必修の研修をつくってアクセスしてもらう
- 相互共有を促進する

- 人気コンテンツを特集する

▽学習データにもとづくＰＤＣＡで効果を測定

実装後は、収集した学習データにもとづき、課題を洗い出していきます。それらを改善しながらＰＤＣＡを回していきます。アメリカの教育テクノロジー企業Degreedは、次の４項目を効果測定の指標として見るべきであるとしています。

1 学習エンゲージメントストーリー

- 有効ユーザー（実際に使っている人の数）
- ログイン頻度
- 月単位での平均ユーザー数と再利用率
- 割り当てられた課題の数と完了数
- ネットプロモータースコア（ＮＰＳ）（顧客ロイヤリティを測る指標）

2 ソーシャルストーリー

- 学習にどのような傾向（トレンド）があるか？

- コンテンツ（公式・非公式）がどれだけ推薦されているか？
- インフルエンサーがどれだけいるか？
↓ＳＭＥ（特定の分野の専門家）、フォロワー、コンテンツ投稿者、組織ネットワーク分析

3 コンテンツストーリー

- 人気の検索ワード・トピック
- 人気コンテンツ・ニーズにマッチしているコンテンツの数
- どのコンテンツがよく見られているか？　何が人気か？（公式・非公式）
- 従業員が自主的に加えたコンテンツがあるか？（ソーシャルシェアリング）

4 スキルストーリー

- アセスメント結果などからわかるスキルの変化
- どれだけの人が新しい仕事に早期にシフトできたか？

ラーニング・プラットフォーム「UMU」が実現する新しい学び

あらゆる学びをワンストップで提供するUMU

ラーニング・プラットフォームの中でも、マイクロラーニングをベースとした、真のブレンディッド・ラーニングを提供できるのが「UMU」です。

特筆すべきなのは、長い歴史があるブレンディッド・ラーニングのエッセンスを、テクノロジーによって最適化し、教育のあり方を根本から変革した点にあります。私自身、初めにユーザーとしてUMUに出会ったとき、テクノロジーの力で学びを「再定義」できるツールだと確信しました。

UMUでブレンドできる学習は、本書で紹介してきたような「オフライン研修」「オンライン研修」「オンライン学習」「職場実践」などすべてを含みます。また、多彩な機能を

ブレンドされた学習コンテンツのイメージ

UMUでは、自社の人材開発コンテンツや現場から生まれたコンテンツ、外部の研修会社から提供されたものやeラーニングのコンテンツまで、すべてが1か所に集められる。

組み合わせることで、目的に沿った学習を、効果的・効率的、かつアダプティブに配信できるのが特徴です。パソコンだけでなくスマートフォンを使って学習ができるため、時間や場所を問わずに学習できます。

もちろん、学習の科学に沿った効果的なトレーニングを支援する機能も充実しており、**「コンテンツ学習」「プラクティス（練習）」「コーチング&フィードバック」「AIコーチング」**など、生産性やパフォーマンスに直結する学習環境を構築できます。

たとえば、UMUで新入社員研修のプラットフォームを構築した場合、上のようなイメージになります。

UMUのこれまでとこれから

ＵＭＵの日本法人（ユームテクノロジージャパン株式会社）が設立されたのは２０１８年のことですが、すでにグローバルでは２００以上の国と地域に導入実績があり、利用企業は１００万社を超えています。

また、２０１５年の設立以来、ＡＴＤのプラチナパートナーを務めるなど、業界内では広く知られた存在でした。

これまでに必要な機能を拡充し続け、「マイクロラーニング」「ブレンディッド・ラーニング」「デイリーラーニング（インフォーマル・ラーニング）」など、先進的な学習テーマにチャレンジしています。

企業内研修には、**「認知」「理解」「記憶」「業務適応」**という4つの視点があります。認知とは「知っている」、理解とは「自分自身の言葉で表現できる」、記憶とは「定着している」、業務適応とは「実際の業務で使える」ということです。

ＵＭＵのミッションは、**認知・理解・記憶と業務適応との間にある天井を超える**ことです。それを実現するために、テクノロジーと理論を活用して、「知っている（know-what）」

「知っている」と「できる」のレイヤー

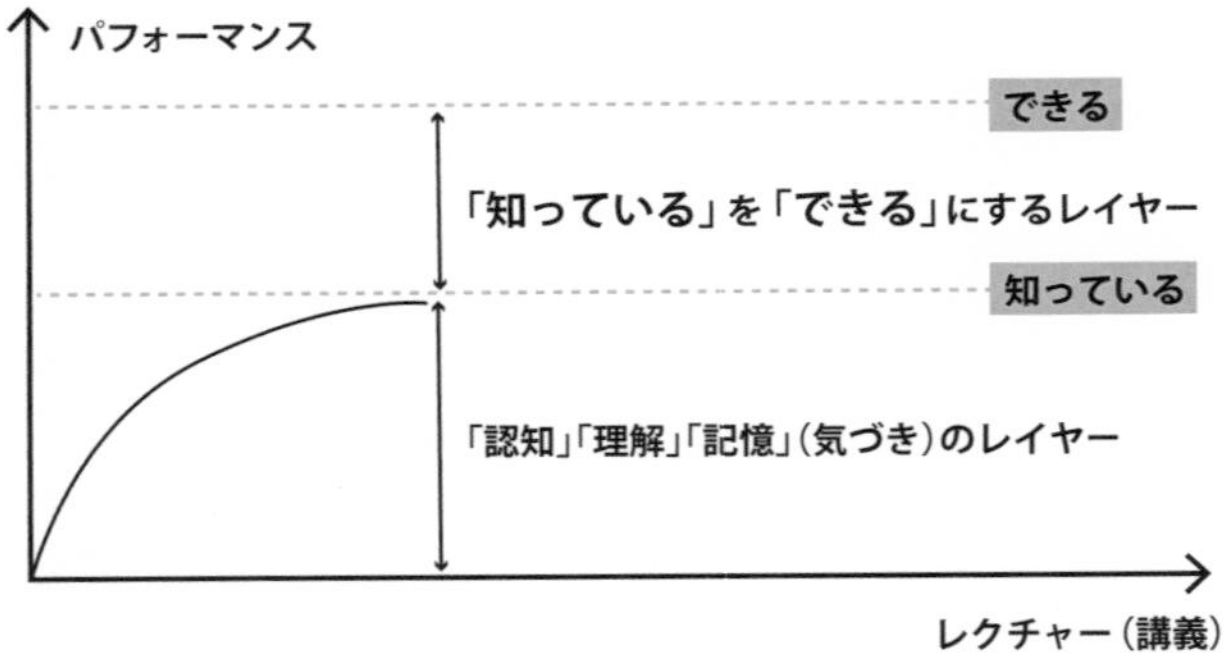

必要な知識やスキルを認知、理解、記憶して「知っている」レイヤーと業務適応も可能な「できる」レイヤーの間には「天井」があり、通常の学習だけでは「できる」レイヤーには至らない。

を「できる（know-how）」へと変えるラーニング・プラットフォームを提供しています。

また、UMUの創業者のドングショー・リーは、2021年初頭の顧客向けメッセージにおいて、次のような新しい学習戦略を提案しました。次のページの図を見てください。

左下（セクションC）は、教室型学習、オンライン研修、生放送などこれまでにもあった学習です。これは**「標準化＋同期」**の学びであり、オンラインでもオフラインでも、いわゆる「1対多」が中心となります。

また右下の学習方法（セクションD）は、**「標準化＋非同期」**の学習です。「コンテ

2021年度以降の学習戦略

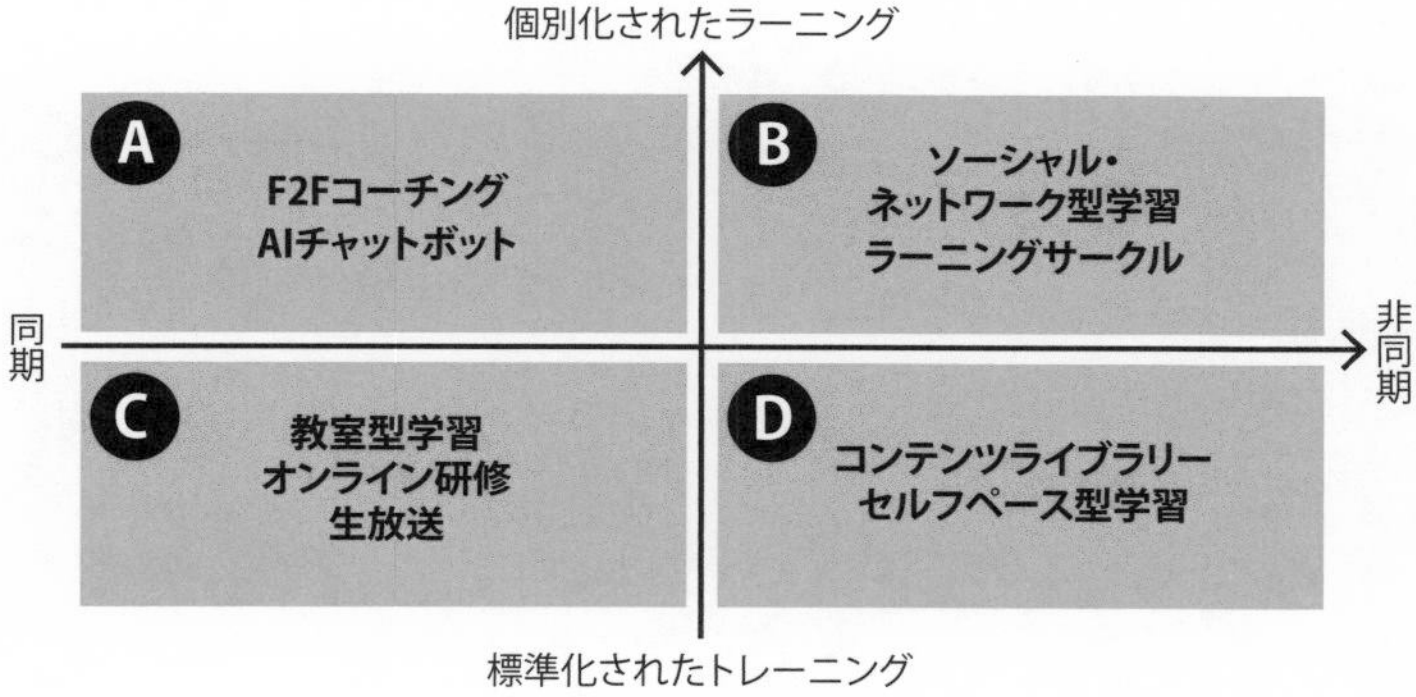

セクションCとDの標準化された学びだけでなく、セクションAとBの個別化された学びもこれからの時代に求められる。

ンツライブラリー」や「旧来型のeラーニング」での学習となります。たくさんの学習プログラムを配信でき、その中から学習者のニーズに合わせてコンテンツを選ぶこともできますが、標準的である点は変わりません。

　下の2つの学習はこれまでにもあったものですが、今後、重要なのは上の2つです。この2つは、個別化された学習である点で共通しています。いわゆる「1 on 1コーチ」と呼ばれる学習方法です。「1 on 1コーチ」は、トレーナー、マネージャー、スタッフの各人において効果的な学びとなります。しかし、企業が使えるリソースは限られているため、1 on 1を全員に実施するのは現実的ではありませんでした。それをテクノロジーによって可能にするのが、UMUが提供するサービスです。

そのうちのひとつはセクションA（左上）にある**「個別化＋同期」**の学習です。対面でのコーチングもここに含まれます。個別化された学習をしつつ、リアルタイムのフィードバックを得ながら学びを深めていくことができます。これにより「練習によってパフォーマンスを上げる（Practice Makes Performance）」ことを実現します。UMUのプラットフォーム上の「AIコーチ」や新たに追加される「AIチャットボット」は、このセクションでイノベーションを起こします。

「AIチャットボット」では、UMUによって販売トークを強化したり、業務サービスの質を高めたり、新任マネジャーの能力を引き上げたりなど、AIを相手にしたインタラクティブな練習が可能です。

もうひとつは、セクションB（右上）です。セクションBは「ソーシャル型」かつAIも活用した**「個別化＋非同期」**の学習体験です。「好きな場所」「好きな時間」「好きなデバイス」「それぞれのペース」で学習が可能となります。

とくに、UMUが構想している**「ラーニングサークル」**は、AIとソーシャルのよいところを活かした、デイリーラーニングの仕掛けです。学習者は「仕事」「キャリア」「現在のステージ」など、興味のあるラーニングサークルに参加し、学ぶことができます。そして、ゆくゆくは、ラーニングサークルに投稿される膨大な学習コンテンツをもとに、ＡＩがその人に合った学習をレコメンドできるようにもなります。

ラーニングサークルは、「非同期」で「個別の学習」を行うのに最適な方法です。ラーニングサークルを通して、学習者は「正しい共有」「正しい学び方」を経験することができるのです。

対面が制限されるニューノーマルの時代の中で、学習によるパフォーマンス向上を狙うなら、レクチャーを減らし、練習を増やさなければなりません。また「1対多」を減らし、より個別化された学習を提供するべきです。学習時間がパフォーマンスを上げるわけではありません。「いかに学ぶか」がパフォーマンスを変えるのです。

このようにＵＭＵは、「学習の科学」と「テクノロジー」の力で、教育・研修業界のＤＸ（デジタル・トランスフォーメーション）を強力にバックアップしていきます。

すべての学びにつながる「対話」の重要性

対話を通して「相互の学び」を実現する

松下電器（現・パナソニック）の創業者である松下幸之助は、**「人間は磨けば光るダイヤモンドの原石のようなもの」**という言葉を残しています。まさに至言ですが、人材を磨くには、知識やスキルを教えるだけでなく「人との関わり」の中で成長させなくてはなりません。

従来の学習は、教える人と学ぶ人が「主」と「従」の関係であり、かつ一方通行であるケースが大半でした。しかし人との関わりで学んでいく企業内学習は、そのような関係ではなく、「相互に学び合う」ことが大切です。

UMUという社名は**「you me us」**とあらわすこともできます。これは、人材開発・講師養成の世界で40年以上の経験を有する世界的な権威ボブ・パイクがUMUの魅力を表現してくれたものです。

UMUをいち早く使ってすぐファンになってくれた彼が言ったのが、「使ってみてわかったけど、これはyou me usだね。あなたと私と私たち、みなが教え手にも学び手にもなれて、互いに対話して学び合うための機能がそろっている」という言葉だったのです。

事実、プラクティス機能として備わっている、「アンケートの投稿と結果の共有」「ディスカッションの共有」「動画や画像の投稿と共有」「ファイルの投稿と共有」「各種フィードバック」など、すべての機能が対話を通した**「相互の学び」**につながっています。

またUMUで作成したコンテンツは、基本的にフルオープンで見られるようになっています。それも「you me us」を実践するためなのですが、多くの日本企業ではむしろこうした対応を避ける傾向にあります。上司と部下だけなど、クローズドな関係を好むのです。情報管理に関する懸念もわかりますが、そのような仕組みにしてしまうと、対話をベースにした相互学習と、その先にある「学びの文化」の醸成に結びつきにくくなります。

また、対話による学びを実践に落とし込んでいるのが、**「クロスOJT」**（→P57）という考え方です。これは、管理職、上司、現場社員など、縦横斜めの関係で実施するOJTです。互いにフラットな関係性で、学びを促進することを目指しています。

また、社内だけでなく、異業種を含めた社外からの学びも加えることで、より多様化した学習のブレンドを実現することができます。そのようにして、対話や相互学習を促していくことが、これからの企業内学習には欠かせません。

「問いの質」が結果を左右する

UMUなどのラーニング・プラットフォームを活用する際には、「どのような課題を出すか」「どのような質問に答えてもらうか」を考えて設計していきます。その過程では、研修担当者の**「問いのスキル」**が問われます。

実際に行ってみるとわかりますが、どのような問いを投げかけるのかによって、学習者のコメントやリアクションは変わってきます。たとえば、「この研修で印象的だったことは何ですか?」と問うのか、あるいは「この研修で重要だと思うキーワードをひとつ挙げてください」と問うのかによって、学習者がどう考え、どう反応するかが変わるのです。

そのように、実践を経て試行錯誤していくと、**どのような問いを出せば互いの考え方や経験、アイデアが共有できるのか、**そしてどのようにディスカッションの質を左右するのかがわかるようになります。オンラインでのディスカッションはとくに、「問いの質」が学びを左右します。

実はこうしたスキルこそ、UMUなどのラーニング・プラットフォーム上でコースを設計する際にとても重要なものとなります。

また、現場社員が仕事の中で抱いた問いをもとに、ナレッジや成功体験・失敗体験の共有をし、それらを研修内容に反映すれば、そこから互いに学び合うことも可能になります。たとえば新入社員の目標設定では、振り返りとして「うまくいったこと」「うまくいかなかったこと」「次にやってみたいこと」「そのためにボトルネックになっていること」という4つのクエスチョンを投げかけます。これを毎月行い、刷り込んでいくのです。

このような問いの習慣も、定着から現場実践、さらには成長のために重要です。そこからさらに、自発的に問いを生み出す力が養われてくると、自分から課題を設定し、問題解決につなげるスキルが身についていきます。

第8章のディスカッションページ

こちらのQRコードから、UMU上に設定された本書のディスカッションページへお入りください。第8章に関する読者のみなさまの気づきや学びをアウトプットし、学びをブレンドしていただけます。より深い学びのために、ぜひご活用ください。

対　談

浦山昌志×小仁 聡

「未来の学び」のために変えるべきこと、変えてはいけないこと

「学びのＤＸ」が進んでいるとはいえ、従来の学び方を捨ててすべてを刷新するのも正解とは言えません。急速に変化する環境の中で、変えるべきもの、変えてはいけないものは何か。長年、日本の人材開発分野を牽引してきた浦山昌志さんにお話を伺いました。

浦山 昌志　うらやま・まさし

ユームテクノロジージャパン取締役会長／IPイノベーションズ代表取締役／ATDインターナショナルメンバーネットワーク・ジャパン理事

松下電器産業（現パナソニック）入社。1981年日本理工医学部研究所、1990年CSK（現SCSK）を経て独立。2003年にIPイノベーションズを設立。国内で初のシスコシステムズ認定教育の立ち上げや、LMSの先進導入などで、新規教育市場の開拓に従事。2008年にASTDグローバルネットワーク・ジャパンをチームで設立。2018年にユームテクノロジージャパンを設立。

▽コロナで変わる企業の研修

小仁　２０２０年は新型コロナウイルス感染症の影響で大変な年になりました。企業の研修や学習面ではどのような変化がありましたか？

浦山　集合型の研修ができなくなり、オンライン化した結果、多くの企業でその難しさが実

感された年だと思います。ギリギリまで悩み、バタバタしながら取り組んでいた企業も多いでしょう。準備期間が短く、適切なツールの選定も含め、準備不足が顕著でした。また、ある企業ではZoomを使っていたり、ある企業ではeラーニングを導入したりなど、**研修内容やその質に差が生じはじめています。**通信環境や講師など、リソースの違いも大きいかと思います。

とくに秋頃から、「研修を変えたい」という企業からの相談が増えました。従来のやり方やその延長では対応できない部分も多く、試行錯誤している企業が多いです。むしろこの段階できちんと対応できない企業は、今後、厳しくなっていくのではないでしょうか。

そういう意味では、今が企業内学習の変革期です。**2020年は「100年に1度」の変化の年でしたが、2021年は「101年に1度」の変化の年になりそうです。**

小仁　「101年に1度」というのは、昨年と同じくらい変化があるということでしょうか？

浦山　そうです。むしろ昨年と同レベルでは対応できないかもしれません。従来のやり方を踏襲しても、大きな時代の変化を乗り越えるチャレンジはできません。失敗を恐れず、果敢に挑戦していく姿勢が求められます。

失敗したくないという気持ちはわかります。セキュリティの問題や情報漏えいなど、新しいことにチャレンジするにはさまざまな懸念があります。しかし、挑戦する企業とそうでない企業の差は、今後も開いていくと予想されます。

私自身、2020年はこれまでで一番、勉強した年になりました。ハードとソフトの両面から、自宅の環境も大いに変わっています。

小仁 学び方や学ぶ内容にも変化はありましたか？

浦山 教育関連で言えば、業界の人を参考にするというより、オンライン配信やオンライン学習で最先端の人々から学んでいます。たとえば日本国内だけでなく世界中でさまざまな動画が配信されているため、YouTubeなどで視聴しながら学び、試行錯誤しています。

小仁 私も、この1年で「おもちゃ（ITツール）」が増えました。

浦山 使い物にならないものも多いのですが、それでも、実際に使ってみて試すことが大事だと思います。同じ業界の人だけでなく、異業種からも学び続け、自分でやってみること。そこから、教育や学習に応用できるものを見出せるのではないかと考えています。

また、**「融合」**という発想も大事です。たとえば、エンターテインメント業界で行われている工夫と学習理論を融合させて、新しい教育のやり方を模索してみる。ただ真似するのではなく、既存の知見と融合させることで、革新的な手法が生まれます。

私はそのような視点で実験をくり返し、楽しみながら実践しています。

▽好奇心を育むために必要なこと

小仁　新しいやり方を取り入れて、新しいものを生み出す。そのためのポイントは、やはり「好奇心」なのでしょうか？

浦山　そうですね。ある企業の担当者は、「好奇心を醸成するのが我が社の文化です」とおっしゃっていました。専門性を高めるだけでは学びが広がらない。多くの偉人は、特定の分野だけでなく、幅広い事柄に精通していたということでしょうか。

ＩＴが必要だからＩＴについてだけ学ぶのではなく、さまざまな学問分野からコミュニケーションまで、**異なる分野を同時に学びつつ発想を広げていく姿勢**が大事です。そのようにして、自分が所属する業界の問題解決を、違うところから考えていくのです。

そのためには好奇心が欠かせません。たとえば特許を調べていくと、過去の発明品にはほかの産業から応用されたアイデアがたくさんあります。いわゆる**「水平思考」**ですが、そのような方法で異業種から学ぶこともできます。

小仁　私自身、「好奇心を解放せよ」という言葉を人生のキーワードにしているのですが、好奇心を醸成させるにはどうしたらいいのでしょうか？

浦山　私は父から、学ぶことの楽しさを教わりました。父は教師をしていて、養子に入ってからは漁師になったのですが、父から教わったのは予習です。予習をして学校に行くと、勉強がわかるから先生に褒められる。それが嬉しくてまた予習する。そのくり返しです。

そのような学びに対する姿勢、楽しさを、子どものときから体験できたことは大きいです。もちろんそれは、大人になってからも体験できることで、それが「ＬＸ（学習者体験）」です。**何かを一緒に学んで「楽しい！」と思うような体験をつくり出す。**そのために企業は、ファシリテーターや職場環境、コネクションなどを用意してあげることが大切です。学びの楽しさを体験すれば、それが自律的な学びにつながります。

ただ、体験の価値は人それぞれなので、複数のトリガーを用意する必要があります。ひとつの施策だけで全員を感動させたり気づきを与えたりできるわけではありません。**さまざまなトリガーを用意することによって、多様な価値観にアプローチできるのです。**

そのような体験を経て「パラダイムシフト」を起こす。言い換えれば**「学びの扉が開く」**ということですが、ときにはイライラやモヤモヤを与えるなど、多様なＬＸを提供し、学びをファシリテートしていく姿勢が求められます。

私が学んだ中学校の教師で、卒業文集に「私はみなさんにとって薬だったのか、それとも毒だったのか。どちらでもなければ最低だ」と書いていた人がいました。企業でも、非常によい上司か、あるいは極めて悪い上司とともに働く経験が、リーダーシップを最も開発する機会になると言われています。

そのように、ＬＸも奥が深いぶん、試行錯誤を続けていく必要があります。

▽「学びの本質」への原点回帰とつながりの再構築

小仁 そのうえで、２０２１年の学習はどのように変化していくと思われますか？

浦山 やはり、**デジタル化と個別化（パーソナライズ）**が進んでいくと思います。

デジタルの力を使えば、誰がどこまで学習していて、どんなことに興味があるなど、学習行動をすべて記録できます。それらをもとに、とくに重要なところはＡＩや講師がサジェスチョンしながら効率的な学習ができるようになります。個別化も同様です。

その過程で、**成長や楽しさ、喜び、幸福感、さらには周囲の人を幸せにするといった学びの本質への原点回帰**も起きると思います。自分自身で学ぶだけでなく、ほかの人に幸せをもたらすために学ぶこと。そのような発想が追求されるかもしれません。

ただそのためには、テクニカルな部分だけでなく、「人間への理解」が欠かせません。自分を満たすだけでは閉じてしまいますが、**学習や学びが「誰かの役に立つ」という発想につながってこそ、チームや組織で共有され、広がっていきます。**

組織における学びも、ほかの人がもたらした知識や経験などが共有されることで、インタラクティブな学びになります。これまではリアルに集合すればグループダイナミクスを容易に体験できましたが、これからは、それをオンラインで実現しなければなりません。

小仁　そうなると、学びや経験のシェアや、互いに学ぶ環境づくりを、オンラインで実装するのが急務ということになりますか？

浦山　そうです。私たちはコロナ禍によって分断され、組織、チーム、家族まで、ロータッチコミュニケーションが主流になりました。お客様にも会えませんし、ともに食事をすることもできません。

そのようなロータッチコミュニケーションの中で、どうすれば高い共感力を持てるような意思疎通が図れるのか。私たちは、古いコミュニケーションスタイルから、新しいコミュニケーションスタイルへと、移行していかなければなりません。

たとえば、カメラの位置、照明の加減、服装、話し方、受け答え、身振り手振りまで、ニューノーマルとなるコミュニケーションマナーを身につけながら、テクノロジーを活用していくことが大事です。ネット環境もそうですし、音声の質もそうですよね。

小仁　新しいテクノロジーの活用と言っても、「学び方」と「コミュニケーション」という2つの観点があるのですね。それぞれ、従来のやり方と新しいやり方があるので、それらを含めて今後の準備を進めていく必要がありそうです。

浦山　そうですね。ただツールを使うだけでなく、興味をもって学びながら、仮説を立てて実行してみること。温めるだけなら電子レンジでできますが、素材を生かしたり、加工したり、レシピを考案したりなど、よりよい料理をつくるには試行錯誤が欠かせません。学習も同じではないでしょうか。

▽学びの理想は「ラーニングサークル」

小仁 デジタルに抵抗がある人たちの背中を押すにはどうすればいいのでしょうか？

浦山 やはり一緒に体験することが大事だと思います。**先進的な学び方をしている人とともに体験しながら、「おもしろい！」「楽しい！」ということを実感してみる。**その中で、自分にできることを選択していけばいいのではないでしょうか。

イチからすべて自分でやるのは大変です。そうではなく、得意な人に教えてもらいながら、とにかくやってみることが大切です。いきなり難しいことにチャレンジする必要はありません。易しいことから始めるのがポイントです。

小仁 なるほど、一緒に体験すること、そして、ハードルを下げて実践することですね。その他のアプローチについてはいかがですか？

浦山 新しい方法を見たり聞いたりすることも大事です。体験する前に、事例発表会や研修などで見たり聞いたりすると、その内容がよりイメージしやすくなります。そのようにして、

興味の扉を開いてもらうきっかけづくりをするといいでしょう。

いわゆる**「予期的LX」**ですが、動画の視聴などでその一部を体験するだけでも、参加意欲は高まります。できれば、体験までに2つぐらいの仕掛けがあるといいと思います。単なる案内ではなく、驚きや感動につながる発表ができるといいですね。

その段階で驚きや感動を与えられれば、自然と周囲に伝わっていきます。周囲の人が「私にも教えて！」となるくらいのものであればベストです。そのためにはまず、本人が楽しまなければなりません。

ベイビーステップとして簡単に試せるだけでなく、その後のステップもきちんと用意しておけば、段階的に成功体験を踏むことができます。そして**研修後には、オンラインサポートやコーチングによる支援、さらにはコミュニティづくりにつなげていく**のが理想です。

小仁　UMUが構想している「ラーニングサークル」の発想ですね。

浦山　そうです。講師が解決するのではなく、互いに話し合って解決する。そのような雰囲気を醸成できれば、教える側と教わる側という関係にとらわれず、自然なかたちで双方向の学習が実現できます。まさに「学ぶ場」ですね。

そこで重要なのがファシリテーションです。**教えるのではなく、学ぶ場をよりよいものにするべく、ファシリテートすること。つまり、方向性や関係性を含めての場づくりです。**よいコミュニティができれば、自動的に人が増え、学びの場は活性化していくはずです。「学べてよかった」というだけでなく、「ほかの人にも伝えよう」という姿勢が生まれれば、単なる情報交換の場で終わらず、互いに刺激を与えながら学び合えるコミュニティになるでしょう。そのような学びのコミュニティづくりを目指したいですね。

▽より深い学びを目指して

小仁　学びの役割や捉え方については、今後どう変わると思いますか？

浦山　よく研究会などでお話しするのは、**「スタディ（Study）」と「ラーン（Learn）」の違い**です。**勉強して知識を入れるのはスタディですが、それだけでなく、学んだことを実行して身につけて、できるようになってはじめてラーンと言えます。**

ある大学の総長が、本を読んで知識を得て、それを実行し、そこからさらに問いを立てていると言っていました。「勉強になった」で終わるのではなく、実際にやってみてから、自分なりの問いを立ててみること。そのうえで、勉強した型を破るわけです。

いわゆる**「守破離」**の「離」のような発想ですが、その段階まで到達してこそ、本当の学びと言えるのではないでしょうか。そのように**これからの学びは、勉強（知識の習得）という枠を超えて、実践、問い、型破りまで掘り下げていくべきです。**

コンテンツのキュレーションに関しても、ただ集めてくるのではなく、自分なりに解釈し、噛み砕いたうえで、よりよいコンテンツにすることが大事です。そこから、新しい概念や新しいコンセプトが生まれ、それを発表したり提唱したりしながら、さらに学びが深まっていくのだと思います。

小仁 そのような深い学びを実現するために、企業ができることはありますか?

浦山 UMUをはじめ、テクノロジーを活用して学びの場づくりを支援するツールはたくさんあります。**正しい・正しくないではなく、学び方を共有し、きっかけを生み、おもしろさや楽しさを演出しながら、組織を横断するように点と点をつないでいく**のが理想です。技術的には、特定のテーマについて、バーチャルで議論することも可能となりました。組織間や階層間を横断できるような、そんな場づくりができれば、社内の学習行動も変わります。

企業に限らず、学びの方法論は決して完結するものではありません。時代の変化やテクノロジーの変化によって、学び方も学ぶ内容も変わります。その過程でともに成長できるコミュニティをつくることが、最大の支援になると思います。

小仁 UMUが担う役割は大きいですね。本日はありがとうございました。

ブレンディッド・ラーニングを体験し学びを深める

フォローアップ・メールマガジンのご紹介

最後までお読みいただき、ありがとうございました。本書でブレンディッド・ラーニングの知識や実践法をインプットし、実際にご自身でアウトプットしてこそ、ブレンディッド・ラーニングの真価を体感できます。

各章末のQRコードから無料で参加できるUMU上のディスカッションページにアクセスし、読者のみなさんで意見を出し合い、議論して、学びを深めてください。著者である小仁やUMU・フローラル出版のスタッフも参加いたします。

さらに、人材育成・組織開発に関する最新情報をお届けするフォローアップのためのメールマガジンをご用意しました。メールマガジン登録のお礼として下記をプレゼントいたします。

1 コースデザインシートの雛形＋動画撮影テンプレート＋チェックリスト

これらを使えば、今日からすぐにコースデザインや動画撮影に取り組むことができます。まずは本書に掲載した事例を参考に、気軽にトライしてみてください。

2 UMUが2021年から導入した「ラーニングサークル」へのご招待

UMUが新たに導入した、学びのSNS「ラーニングサークル」への参加権限をさしあげます。読者のみなさんと、小仁、UMUスタッフが交流できる画期的なブレンディッド・ラーニングの場を体験しましょう。

3 UMUセミナーへのご招待

UMUが開催する一部のセミナーに無料でご案内いたします。人材育成・組織開発の最新情報や「学びのDX」を実装する具体策を学べるまたとない機会です。こちらのセミナーもブレンディッド・ラーニングをフル活用して設計しましたので、その体験も兼ねてご参加ください。

＼ご登録はこちらから！／

これらのプレゼントを活用してあなたの学びをブレンドし、最新・最強の教育を経験のうえ、貴社の研修にご活用ください。ご参加を楽しみにお待ちしています。

umu
www.umu.co

小仁 聡 Satoshi Koni

ユームテクノロジージャパン・ビジネスプロデューサー、ラーニングシフト代表取締役。日本フューチャーラーナーズ協会理事、上智大学非常勤講師。ブレンディッド・ラーニング・ファシリテーター養成講座マスタートレーナー、DiSC®認定トレーナー、ギャラップ認定ストレングスコーチ。上智大学外国語学部卒、ウィスコンシン大学マディソン校に留学。「教育行政学」や「比較教育学」を学び、文部科学省のサマーインターンに参加するなど在学中より教育分野に幅広く関わる。卒業後、「人材開発・組織開発」専門の経営コンサルティング会社ビジネスコンサルタントで営業職に従事したのち、企業の若手育成を専門とするファーストキャリアの設立に参画、2016年より取締役副社長に就任。2017年よりセルムの執行役員を兼務。大手企業向け企業研修事業全般を統括。法人向けビジネススキル研修を多数提供。2018年よりユームテクノロジージャパンに参画、2019年にラーニングシフトを設立。100年時代の学びをアップデートするべく、HRテクノロジーを活用した「次世代の学び」の研究に取り組むかたわら、実践の場として法人企業を対象に人材開発・組織開発のコンサルティングを提供している。人や組織を変容させる「学びのアルケミスト」。

新リモート時代の人材育成学

ブレンディッド・ラーニング

2021年4月3日　初版第1刷発行
2021年4月14日　初版第2刷発行

著　者　　小仁 聡
発行人　　津嶋 栄
発　行　　株式会社フローラル出版
〒163-0649　東京都新宿区西新宿1-25-1
新宿センタービル49F　＋OURS内
TEL　03-4546-1633（代表）
TEL　03-6709-8382（注文窓口）
注文用FAX　03-6709-8873
メールアドレス　order@floralpublish.com
出版プロデュース　　株式会社日本経営センター
出版マーケティング　　株式会社BRC
印刷・製本　　株式会社光邦

Printed in Japan
ISBN978-4-910017-13-6　C2034